NEXOS

PENÍNSULA

Ian Gibson

García Lorca
Biografía esencial

PENÍNSULA

BARCELONA

Cubierta de Llorenç Marquès.

Primera edición en Nexos:
marzo de 1998.
Segunda edición: abril de 1998.
© Ian Gibson, 1992, 1998.
© de esta edición: Ediciones Península s/a.,
Peu de la Creu 4, 08001-Barcelona.
E-MAIL: edicions_62 @ bcn. servicom.es
INTERNET: http://www.partal.com/Ed62

Impreso en Romanyà/Valls s.a.,
Plaça Verdaguer 1, Capellades.
Depósito legal: B. 17.059-1998.
ISBN: 84-8307-102-9.

CONTENIDO

INTRODUCCIÓN

Federico García Lorca, asesinado por el fascismo en su Granada natal al principio de la guerra civil de 1936-1939, a la edad de 38 años, es hoy mundialmente famoso como poeta y dramaturgo. Se trata, de hecho, del autor español más traducido de todos los tiempos.

García Lorca—más conocido como Lorca y, muchas veces, sencillamente, como Federico—tenía dones tan extraordinarios como persona y como artista que nadie podía quedarse indiferente ante él. No era sólo gran poeta y autor teatral, sino que tocaba estupendamente el piano, manejaba con talento la guitarra flamenca, dibujaba con notable originalidad, cantaba canciones populares con estilo personal, era buen director de escena y a veces actor, y tenía, como conferenciante y conversador, un duende poderoso. ¿Cómo era posible que un solo ser reuniera tantas dotes?

Hay centenares de testimonios acerca de la magia del hombre. Para Jorge Guillén, «Federico nos ponía en contacto con la creación». Otro poeta, Pedro Salinas, dijo que «se le sentía venir mucho antes de que llegara, le anunciaban impalpables correos, avisos, como de las diligencias de su tierra, de cascabeles por el aire». Todos veían en él la más pura expresión de lo andaluz. Para el crítico de arte catalán Sebastià Gasch, Lorca «poseía el puro aroma de lo que brota espontáneo y firme. Y, asomada siempre a su ros-

tro, aquella sonrisa franca, luminosa y cordial, entre inge-
nua y picaresca. Rezumaba *sur* por todos sus poros».

Pero no todo en Lorca era alegría. Mucha gente notaba
sus extrañas «intermitencias lánguidas», cuando, de repente, parecía ausentarse. Una íntima amiga suya de Granada,
Emilia Llanos, recordaría que «estaba a veces largo rato sin
hablar, ausente de la habitación, con la mirada vaga, la
boca apretada y las cejas levantadas». Otro amigo, Adolfo
Salazar, también conocía los repentinos silencios del poeta,
«en donde sus ojos se le volvían para dentro, como miran-
do a lo profundo de un recuerdo».

Aquellos ojos tenían un fondo de innegable tristeza.
«Hermosos ojos color castaño extrañamente melancólicos
a pesar de la euforia de su ser», recordó una poetisa ameri-
cana. Para otra mujer, Laura de los Ríos, que lo conocía
bien, «la risa de Federico era tremenda pero no reían sus
ojos»; por su parte, el pintor manchego Gregorio Prieto ha
escrito que los ojos de Lorca eran «nostálgicos, y en ellos
anidaba siempre la honda tristeza de su alma».

¿Tenía aquella tristeza subyacente algo que ver con la
homosexualidad del poeta, con la necesidad de ocultarla lo
más cuidadosamente posible a los demás? Según la escrito-
ra francesa Marcelle Auclair, que llegó a conocer íntimamente a Lorca y a su grupo durante los cinco años de la
República, la mayor angustia de Federico «era, indudable-
mente, el miedo de que sus padres descubriesen que era
"invertido"». Es posible que así fuera, pero de todas maneras no se trataba sólo de sus padres, sino de una sociedad
entera que consideraba nefasta tal «desviación», cuando no
tema idóneo de bromas y chistes. Para entender la obra y la
vida de Lorca hay que tener siempre en cuenta el sufrimiento de sentirse marginado, inaceptado, y ello pese a los
extraordinarios dones que poseía y que hacían su condición más llevadera que para otros. Durante muchos años

no se habló en España de la homosexualidad de Lorca sino para condenarla y ridiculizarla. Hoy, afortunadamente, vivimos tiempos más libres, más comprensivos, y ya a nadie, o casi nadie, se le ocurriría despreciar o desconocer una circunstancia tan fundamental a la hora de entender a uno de los mayores poetas españoles de todos los tiempos. Un poeta que siempre estuvo al lado de los que sufren, de los que «no tienen nada y hasta la nada se les niega».

Ian Gibson
Restábal (Granada)
4 de febrero de 1998.

Federico García Lorca nació en Fuente Vaqueros, pueblo de la Vega de Granada, el 5 de junio de 1898. Treinta y ocho años después, a comienzos de la guerra civil de 1936-1939, caía fusilado por los enemigos de la República en las afueras de otro pueblo granadino, Alfacar. Cruel destino para el mayor poeta granadino de todos los tiempos; para quien había expresado incomparablemente a Granada en su obra. Raras veces ha sido tan llorado un poeta.

García Lorca era hijo primogénito de un rico labrador, Federico García Rodríguez, y de Vicenta Lorca Romero, maestra granadina con quien aquél se había casado en segundas nupcias en 1887. El padre del futuro poeta era el mayor de nueve hermanos, y el joven Federico creció rodeado del cariño de numerosísimos parientes.

En Fuente Vaqueros, situado en plena Vega a dieciocho kilómetros de Granada, pasa García Lorca los primeros ocho o nueve años de su vida, en contacto diario con la naturaleza, y siempre dirá que esa circunstancia lo formó como persona y como poeta. «Amo a la tierra. Me siento ligado a ella en todas mis emociones. Mis más lejanos recuerdos de niño tienen sabor a tierra», declaró en 1934, dos años antes de su muerte, añadiendo que padecía lo que los psicoanalistas llamarían un «complejo agrario». Y es cierto que el poderoso lenguaje metafórico lorquiano tiene su raíz en el campo que él conoció y amó en su infancia— campo fertilísimo dominado hacia el sudeste por la inmensa mole de Sierra Nevada—, y el habla y la forma de ser de sus habitantes. Llegaría a decir que, si no hubiera sido por su infancia en la Vega de Granada, jamás habría podido escribir *Bodas de sangre*. También le gustaba afirmar que él era un poeta «telúrico», voz que procede del latín *tellus*, 'tierra'.

Los García de Fuente Vaqueros, gentes de la Vega por los cuatro costados, eran una familia nada común. Aunque de poca formación académica (no había entre ellos nadie con estudios universitarios), casi todos tenían una aptitud artística innata. Tocaban la guitarra, la bandurria o el piano, contaban con gracia infinitas anécdotas, improvisaban coplas, conocían muchas canciones populares. Uno de ellos, el tío-abuelo Baldomero, a quien Federico adoraba pero que era considerado la oveja negra de la familia, ejercía de juglar andarín por los pueblos vegueros y había publicado un librito de versos de inspiración religiosa a fines del siglo XIX. Un tío, Luis, tocaba el piano maravillosamente de oídas.

Los García amaban la lectura. Sentían predilección por el gran novelista y poeta Victor Hugo, cuyas obras completas había comprado el padre del poeta en una hermosa colección con pintorescas láminas en color. Según Francisco, el hermano de Federico (nacido en 1902), estos tomos fueron tal vez la primera lectura del futuro poeta, en quien la crítica ha señalado la fuerte influencia del genio francés.

Vicenta Lorca, once años más joven que su marido, era una mujer inteligente y voluntariosa. De familia pobre, se había hecho maestra a fuerza de una tenacidad admirable. El poeta diría que, si heredó de su padre—«agricultor, hombre rico, emprendedor, buen caballista»—la pasión, de su madre le vino la inteligencia. Sin embargo, habría que matizar esta aseveración, pues no cabe duda de que Federico García Rodríguez también era hombre avispado a su manera, y no menos en la compraventa de terrenos.

La primera mujer de don Federico había muerto en 1894, sin tener hijos. Hija de un acomodado terrateniente, dejó a su viudo el disfrute vitalicio de una casa y, por lo visto, un dinero considerable. Eran tiempos en que el azúcar de remolacha—cultivo nuevo en la Vega de Granada—revolucionaba la vida económica de la región, brindando repentinas fortunas a los que poseían terrenos y sabían aprovecharlos. Federico García Rodríguez vio su oportunidad y adquirió una serie de fincas y cortijos en los alrededores de Fuente Vaqueros. Una de ellas, Daimuz Bajo, formaría la base de su riqueza. Cuando nace el futuro poeta en 1898, su padre es ya uno de los labradores más adinerados de la comarca. Personaje que con el tiempo adquirirá un aspecto patriarcal, a don Federico le respetan profundamente en el pueblo por su generosidad y por ser hombre de bien.

Fuente Vaqueros siempre tuvo fama de pueblo liberal y abierto. Tal vez la circunstancia no era ajena al hecho de ser el pueblo más importante de una finca de unas 1.500 hectáreas conocida como el Soto de Roma. Durante siglos el Soto había pertenecido a la Familia Real pero en 1813, al final de la Guerra de la Independencia, fue regalado por las Cortes de Cádiz al duque de Wellington, vencedor de Napoleón. Los habitantes del Soto de Roma pasaron a ser súbditos, casi se podría decir, de una familia aristocrática inglesa, protestante por más señas. Ello hizo que fuesen a la vez más liberales (por el contacto con otra manera de pensar) y más díscolos que las gentes de los pueblos que caían fuera del Soto de Roma.

En Fuente Vaqueros, recordaría el hermano del poeta en su libro *Federico y su mundo*, los curas tenían poco que hacer, puesto que los vecinos apenas sentían interés por la religión. Federico García Rodríguez no era una excepción a la regla. Llegado el momento de escoger colegio para sus hijos, se negaría a que fuesen educados por los escolapios de Granada, que regían la mejor escuela privada de la ciudad. En cuanto a la granadina Vicenta Lorca, siempre se mantendría fiel a su religión, aunque dentro de unas coordenadas progresistas. El joven Federico la acompañaba a menudo a la pequeña iglesia de «la Fuente», como popularmente se conoce el pueblo en la Vega, y los ritos y liturgia de la Iglesia lo llegarían a impresionar profundamente. Tanto es así que pronto empezaría a imitarlos a su manera. Una antigua compañera de juego, Carmen Ramos, nunca podría olvidar las «misas» organizadas por Federico en el patio de su casa. Toda la familia y los criados tenían la obligación de asistir. Federico pronunciaba el sermón y, si la congregación no lloraba, se enfadaba. Pero un día, deslumbrado después de haber visto su primera representación de títeres en la plaza del pueblo, el niño acabó la etapa de las «misas» y empezó la de los muñecos, afición alentada por doña Vicenta, que poco después compró en Granada para su hijo un auténtico teatrillo de títeres.

En 1907, cuando Federico tiene nueve años, su padre traslada a la familia al pueblo de Asquerosa (hoy Valderrubio), a unos cinco kilómetros de Fuente Vaqueros al otro lado del río Cubillas y fuera ya del Soto de Roma. Parece ser que el labrador quería estar más cerca de las tierras que poseía en aquella zona; otra razón sería la mayor proximidad de la estación de ferrocarril, que facilitaba el acceso a Granada. Federico, que había empezado sus estudios primarios en Fuente Vaqueros, los continúa en Asquerosa y luego, en 1908, pasa una temporada en Almería en casa de quien había sido maestro de la Fuente y compañero de Vicenta Lorca, Antonio Rodríguez Espinosa. Allí empieza su primer año de bachillerato, pero le sobreviene una enfermedad y tiene que volver al pueblo. En el verano de 1909 se realiza la mudanza de la familia a Granada, donde, aquel otoño, ingresa Federico en el Instituto.

Ha terminado la etapa «veguera» del futuro poeta. Aunque cada verano volverá a pasar temporadas con sus padres y hermanos en Asquerosa (pero nunca en Fuente Vaqueros), nada es ya lo mismo. La nostalgia del poeta por los años pasados en aquel paraíso perdido aflora con persistencia en su obra. Por ejemplo, en el bellísimo poema «1910 (Intermedio)», publicado póstumamente en *Poeta en Nueva York*:

Aquellos ojos míos de mil novecientos diez
no vieron enterrar a los muertos,
ni la feria de ceniza del que llora por la madrugada,
ni el corazón que tiembla arrinconado como un caballito de mar.

Aquellos ojos míos de mil novecientos diez
vieron la blanca pared donde orinaban las niñas,
el hocico del toro, la seta venenosa
y una luna incomprensible que iluminaba por los rincones
los pedazos de limón seco bajo el negro duro de las botellas...

2. GRANADA

Granada, a principios dè siglo, es una pequeña capital de provincias de unos 75.000 habitantes. En 1901 la describe la Guía Baedeker de España como una «ruina viviente», observando que, si algunas de sus calles principales se han adecentado algo «para complacencia del visitante extranjero», las demás están llenas de suciedad y escombros.

Cuando llegan los García Lorca a Granada la situación ha cambiado un poco y la influencia de la revolución azu-

17

carera de la Vega empieza a ser visible. Estimulada por los beneficios del azúcar, la burguesía granadina ha decidido que ya es hora de «modernizar» y «europeizar» la ciudad de la Alhambra. Expresión de la nueva actitud es la Gran Vía de Colón, ancha y rectilínea avenida que desentona cruelmente con la personalidad auténtica de Granada, íntima y recoleta, y ello pese a las bellas fachadas estilo Art Nouveau de algunos de sus edificios. Lorca diría en 1928, sin duda con ironía, que la Gran Vía había contribuido poderosamente «a deformar el carácter de los actuales granadinos».

Con ello el poeta hace suya la crítica del malogrado escritor granadino Ángel Ganivet quien, en su ensayo *Granada la bella* (1897), había lamentado «la epidemia del ensanche» y «el amor a la línea recta» que, a su juicio, destruían la ciudad. Otro síntoma de que los granadinos no amaban su ciudad, a juicio de Ganivet, era el hecho de que habían tapado de la vista el pequeño río Darro que corre por su centro. «Yo conozco muchas ciudades, atravesadas por ríos grandes y pequeños—se lamentó—, desde el Sena, el Támesis o el Spree hasta el humilde y sediento Manzanares; pero no he visto ríos cubiertos como nuestro aurífero Darro y afirmo que el que concibió la idea de embovedarlo la concibió de noche, en una noche funesta para nuestra ciudad».

En realidad, el proceso de destrucción de Granada había empezado siglos atrás, a partir de la toma de la ciudad—último baluarte islámico en España—por los Reyes Católicos en 1492. El área fue repoblada de cristianos del norte y, con la expulsión de judíos y moros, Granada cayó rápidamente en decadencia. Lorca tenía muy mala opinión de la burguesía granadina, a la que criticaba por su falta de sensibilidad artística y hasta odio a la belleza.

En cuanto a la literatura y el arte, la Granada de 1909 vivía todavía sumida en un sueño pseudo-oriental, ajena a las modernas corrientes. Pesaban sobre la poesía, así como sobre la ciudad misma, la Alhambra y la larga tradición romántica que la envolvía. Representante máximo de la «escuela alhambreña» de entonces era el poeta almeriense Francisco Villaespesa, al estreno granadino de cuyo drama *El alcázar de las perlas* asistió el joven García Lorca en 1911. Algunos de los versos de la hoy infumable obra se hicieron inmediatamente populares en la ciudad:

> Las fuentes de Granada...
> ¿Habéis sentido,
> en la noche de estrellas perfumada,
> algo más doloroso que su triste gemido?
> Todo reposa en vago encantamiento
> en la plata fluida de la luna...

Habría sido difícil, por no decir imposible, que un adolescente granadino con sensibilidad artística se librara completamente de la influencia de tal literatura, y García Lorca no es excepción a la regla, como demuestran varios de sus primeros poemas. Pero muy pronto se dará cuenta del peligro, y en su obra madura sólo asoman raras veces los patios y albercas de los palacios nazaríes, y entonces siempre tratados de manera estilizada, depurada.

La carrera de Lorca en el Instituto de Granada no es brillante, pero tampoco tan mala como él solía pintarla después. El problema es que lo único que parece interesarle en estos primeros años granadinos es la música, asignatura extracurricular. Federico tiene en la sangre el don musical de los García de Fuente Vaqueros, y, muy conscientes de ello, sus padres le buscan un maestro de piano al poco tiempo de la llegada de la familia a la ciudad. Después de varios años con distintos profesores, la suerte quiere que se encargue de la formación musical de Federico un viejo compositor fracasado, pero excelente maestro y buen pianista, Antonio Segura Mesa. Los dos se hacen amigos y, gracias a don Antonio, Lorca adquiere una técnica pianística realmente apreciable, y hasta compone varias pequeñas obras para el instrumento.

En 1929, Federico dirá que fue don Antonio quien le inició en el estudio sistemático de la música folklórica. Tal iniciación dio espléndidos frutos, pues Lorca se convertirá en excelente intérprete al piano de centenares de canciones populares españolas, e incluso grabará algunas de ellas para La Voz de su Amo en 1931, cantadas por «La Argentinita». Tan rápido fue el progreso del pianista que Segura llegó a creer en la posibilidad de que Federico siguiera una carrera musical profesional. Pero el maestro murió en 1916 y los padres de Lorca se opusieron tajantemente a que éste se embarcara en una profesión tan insegura.

3. DE LA MÚSICA A LA LITERATURA

La muerte de Segura Mesa coincidió con el nacimiento del don poético de Lorca, estimulado no poco por otro profesor, esta vez universitario. Se trata de Martín Domínguez Berrueta, catedrático de Teoría de la Literatura y de las Artes en la Universidad de Granada, donde ingresó Lorca en 1915 para estudiar las dos carreras de Filosofía y Letras y Derecho. Berrueta, oriundo de Salamanca, era un fervoroso amante del arte y tenía la obsesión de que sus alumnos recibiesen una enseñanza eminentemente práctica. Por ello organizaba cada primavera y verano viajes de estudio por Andalucía y, a veces, por Castilla, que constituían entonces una llamativa novedad. En 1916 y 1917 Lorca acompañó a Berrueta por varias rutas, visitando no sólo las otras principales ciudades de Andalucía sino Galicia, León y Castilla la Vieja. Bajo la influencia de Berrueta escribió su primer libro, *Impresiones y paisajes* (1918), en el que evoca sus andanzas con aquel maestro. La edición fue costeada generosamente por el padre del novel escritor.

La gran mayoría de los numerosísimos poemas y prosas escritos por Lorca entre 1917 y 1920 han permanecido inéditos durante mucho tiempo. Constituyen una especie de diario íntimo del estado de ánimo del poeta por aquellos años. Diario cuyos dos temas principales y recurrentes, íntimamente vinculados, son una creciente rebeldía contra la ortodoxia católica y una desgarradora angustia erótica.

En el primer Lorca el problema de Dios es omnipresente. El poeta somete las creencias de su infancia y juventud a una implacable labor de análisis y crítica, y el Dios del Antiguo Testamento aparece como deidad ausente e injusta a quien es prácticamente imposible respetar, y mucho más amar. El hombre vive bajo la constante amenaza de castigo y sólo rinde culto a Dios por miedo; cuando está alegre recuerda de repente que Dios puede destruir su felicidad en cualquier momento; Dios ha creado un mundo donde sufrir es la norma... vuelve el joven poeta una y otra vez al mismo tema. Ante la injusticia del mundo creado por este Dios, sólo cabe la protesta airada. Parece ser que, en su rebelión contra el Dios católico, influyeron en Lorca lecturas de filosofía india y de teosofía.

El Dios bíblico, en la concepción radicalmente heterodoxa del joven Lorca, es enemigo no sólo de los hombres que ha creado, sino del mismo Cristo. En un borrador de texto dramático, fechado en 1920, aparece Jehová recomendando a un ángel que tenga mucho cuidado con Jesús, pues «un loco como él nos puede dar un disgusto el día menos pensado».

Por Cristo, a diferencia del Dios bíblico, Lorca siente una profunda admiración, que nunca le abandonará. Cristo es el amor, el perdón, la ternura, la suprema expresión de la caridad, de la misericordia y de la compasión. Y es, también, el fracaso, pues nadie hace caso a su mensaje.

El Lorca adolescente considera que la Iglesia católica ha traicionado, y sigue traicionando, a Cristo. Por el Papa y los curas el joven escritor expresa un profundo desprecio. «El mundo que ha sido educado por vosotros es un mundo imbécil y con las alas cortadas», exclama en un texto de 1917. Y en otro: «Con el nombre de Jesús se tostaban hombres. En el nombre de Jesús se consumó el gran crimen de la Inquisición. Con el nombre de Jesús se echó a la ciencia de nuestro suelo». Los arrebatos coléricos que encontramos en la obra temprana de Lorca tendrán su eco diez años más tarde en el tremendo «Grito hacia Roma» de *Poeta en Nueva York*.

La frustración amorosa será uno de los temas principales de toda la obra de Lorca, desde estos primeros poemas, donde es obsesivo, hasta *La casa de Bernarda Alba*. Recientes investigaciones han demostrado que entre tal tema y la homosexualidad del poeta, silenciada durante decenios por familiares, críticos y sedicentes amigos del poeta, hay una innegable vinculación. Ser homosexual entonces, en aquella sociedad tan intolerante, era casi lo peor que le podía suceder a un joven. Granada tenía fama, además, de ser una de las ciudades más atrasadas (o «beocias», según calificación de Antonio Machado) de España. Allí el homosexual era blanco de toda clase de insultos y rechazos. Y le tocó a Lorca el sino de ser, además de artista extraordinario, homosexual.

¿Tenía el adolescente Federico algún confidente? Es probable que lo fuera Francisco Soriano Lapresa, «gurú» de la tertulia denominada «el Rinconcillo», que se reunía cada noche en un «rincón» del Café Alameda, en la plaza del Campillo. Cinco años mayor que Lorca, rico, desprendido y sexualmente ambiguo, Soriano era ostentosamente *dandy* e iba por la calle con el garbo de un Oscar Wilde granadino. Inmensamente culto, tenía una espléndida biblioteca que ponía generosamente a disposición de sus amigos (¡por lo visto, los tomos eróticos eran los más solicitados!), y no cabe duda de que fue una de las personas que más apoyaron a Lorca en estos momentos en que nacía su carrera literaria.

Dado el descubrimiento de su homosexualidad, no es sorprendente que, desde los escritos más tempranos, Lorca expresara su solidaridad con todos los que sufren, con los negros, los gitanos, los perseguidos, las prostitutas, los niños abandonados, los pobres, los desheredados, los que no encuentran el amor. Muy pronto se da cuenta de que, pese a todos sus dones, es un marginado más. Y, en gran parte, un marginado hecho así por la Iglesia, con su represión sexual, su odio al cuerpo y su obsesión con el pecado. Parece claro, en efecto, que si el poeta adolescente se rebela contra el Dios católico es, principalmente, porque éste no tolera el libre juego del erotismo.

Atormentado por el sexo, su fe católica naufragada, temeroso ante el porvenir, el joven Lorca se siente inerme ante la vida. ¿Cómo encontrar la felicidad, la paz? Tal vez su mayor consuelo es sentirse acompañado en su soledad y angustia por un gran poeta afín: Rubén Darío.

4. LA INFLUENCIA DE RUBÉN

En la obra inicial de cualquier poeta siempre se pueden rastrear las influencias literarias que lo han marcado y empujado a escribir. La poesía no nace de la nada, y todo poeta empieza a crear dentro de una tradición y «poseído» por ciertas lecturas. En Lorca, hay reminiscencias de Victor

Hugo, de Antonio Machado y de Juan Ramón Jiménez. Pero la gran presencia es Rubén Darío.

Para el lector actual no es fácil apreciar el deslumbramiento que supuso para los jóvenes de la generación de Lorca—habitualmente conocida hoy como Generación del 27—adentrarse en el mundo poético del gran nicaragüense. Dámaso Alonso, Jorge Guillén, Vicente Aleixandre, Pedro Salinas, José Bergamín, además de Lorca, han dado fe de la tormenta que desencadenaron en ellos sus primeras lecturas del poeta de *Azul* y *Prosas profanas*.

Creencia en la virtud salvadora del arte; individualismo a ultranza; apasionado culto a lo erótico; sentido del misterio de la vida; extraordinario dominio métrico; curiosidad intelectual; desbordante energía; fervor panteísta («hay un alma en cada una de las gotas del mar»); sinceridad; horror a la muerte; subyacente inquietud cristiana; honda admiración por la Grecia antigua, sus dioses y su libertad sexual; por estas y otras características la obra de Darío, que muere en 1916, fue aliento, pauta e inspiración para la vida y la obra de Federico García Lorca.

El poeta granadino conocía bien no sólo la poesía de Darío sino, de la abundante obra en prosa, por lo menos *Los raros* (1896). De este libro, colección de entusiastas semblanzas de personajes bohemios y pintorescos de la actualidad literaria francesa, hay claras huellas en *Impresiones y paisajes*. Sendos capítulos sobre Verlaine y Lautréamont parecen haber fascinado especialmente a Lorca, quien alude a ambos «raros» varias veces en su obra.

La publicación de *Impresiones y paisajes* en la primavera de 1918 sorprendió sobremanera a los que sólo conocían a Lorca como músico del grupo del «Rinconcillo». El libro recibió elogiosas críticas en la prensa local... y pronto desapareció de la vista. Federico no se desanimó. Su publicación había servido para dar fe del nacimiento de un nuevo escritor granadino, y uno de los amigos del poeta auguró en esos momentos que muy pronto el autor abandonaría la ciudad, demasiado estrecha para contener un talento tan desbordante.

5. LA RESIDENCIA DE ESTUDIANTES EN MADRID

Madrid es el sueño del pájaro que quiere escaparse de su jaula. Varios amigos de Federico se encuentran ya en estas fechas instalados allí—José Mora Guarnido, José Fernández Montesinos y Melchor Fernández Almagro, por ejemplo—y le instan a que busque la manera de reunirse con ellos en la capital, donde la oferta cultural es infinitamente más amplia que en la provinciana Granada. También apoya esta pretensión un poderoso aliado del joven poeta, amigo de confianza de la familia García Lorca: Fernando de los Ríos. El célebre catedrático de la Universidad de Granada y luego diputado socialista está de acuerdo: a Federico le beneficiaría mucho no sólo trasladar sus estudios a Madrid sino hospedarse en la célebre Residencia de Estudiantes.

Dicho y hecho. Don Fernando logra convencer a los padres del poeta y en la primavera de 1919 Federico llega a Madrid a tantear el terreno.

Ya por entonces la Residencia, lo más parecido en España a un campus de Oxford o Cambridge, se ha convertido en uno de los focos de cultura más innovadores y cosmopolitas del país. Hija espiritual de la Institución Libre de Enseñanza, fundada por Francisco Giner de los Ríos en 1878, había abierto sus puertas en 1910, y se trasladó en 1916 a su posición definitiva al final (entonces, pero no hoy) de la Avenida de la Castellana, sobre unos cerros conocidos como «los altos del Hipódromo». Allí se habían levantado cinco airosos pabellones, de estilo neomudéjar, rodeados de bellos jardines y campos de deportes. Aquello era un frondoso oasis en la linde entre Madrid y la meseta. Lo cruzaba el hilo del canal de Lozoya (hoy cubierto) y desde las azoteas se obtenían espléndidas vistas del Guadarrama.

El director de la Residencia, desde su fundación, es un joven malagueño llamado Alberto Jiménez Fraud, discípulo de Giner de los Ríos y hombre profundamente europeísta. En Inglaterra, donde ha pasado varias estancias, le ha impresionado el sistema de enseñanza tutorial practicado en Oxford y Cambridge, sistema desconocido en la universidad española. Siguiendo este modelo, la Residencia pone mucho énfasis en el desarrollo individual y trata de suplir la defectuosa enseñanza universitaria española al proporcionar a los residentes la posibilidad de ampliar allí mismo sus estudios oficiales, recibir provechosas orientaciones tutoriales y entrar en contacto con personas de distintas disciplinas. Jiménez Fraud está convencido de que la excesiva especialización de los estudios universitarios, cada vez más habitual, es nociva para la cultura, y será empeño suyo construir puentes entre las ciencias y las humanidades. La Residencia cuenta desde su fundación con modestos laboratorios; y Jiménez selecciona cuidadosamente a los estudiantes para potenciar un continuo equilibrio entre «las dos culturas». Los resultados son tan brillantes que, a los diez años de la fundación de la Residencia, la demanda de plazas supera con creces las posibilidades de alojamiento.

El «espíritu de la casa» es de sobriedad, mesura. Y su misión, clara: la formación de los hombres que construirán una España más libre, más justa, más culta, en definitiva una «España nueva». Allí caben risas, sí, pero predomina el afán de trabajo. Hay algo un tanto puritano en el ambiente, y las tradicionales francachelas estudiantiles no se estilan.

A tono con esta vocación, las instalaciones son cómodas... pero no demasiado: «Nada de blandas alfombras, nada de muelles butacas y poltronas», recordará Ramón Menéndez Pidal en 1962. Alberto Jiménez Fraud sabe compaginar tolerancia y severidad. «Cuando había que trabajar en firme, cuando había que tomar una decisión—ha recordado Julio Caro Baroja—aquel andaluz menudo era fuerte como una roca». Otro residente ha dicho que Jiménez Fraud «era por antonomasia el hombre atento», el hombre que escuchaba de verdad «las preocupaciones o intereses de su interlocutor».

Aspecto fundamental de la labor de Jiménez Fraud es atraer a la casa a destacados conferenciantes tanto españoles como extranjeros. La lista de quienes acudieron a la llamada es larguísima y contiene nombres tan célebres como Albert Einstein, Gilbert Chesterton, José Ortega y Gasset, H. G. Wells, Howard Carter, Paul Valéry, Sir Leonard Woolley, Paul Claudel, John Maynard Keynes, Madame Curie, Ramón del Valle-Inclán, Henri Bergson y Gregorio Marañón. Lorca, que daría dos charlas en «la Resi», gustaba de recordar aquellas interminables conferencias, que a veces le llegaron a aburrir soberanamente. «Recuerdo una vez que un conferenciante nos dio una lata tan espantosa», dijo en 1930, «que Emilio Prados y yo salimos como locos al jardín y nos arrojamos vestidos al canal».

La Residencia también concedía gran importancia a la música. Se daban frecuentes conciertos, y personajes de gran talla—tanto compositores como intérpretes—hicieron acto de presencia en la casa, entre ellos Manuel de Falla, Darius Milhaud, Andrés Segovia, Maurice Ravel, Joaquín Turina e Igor Stravinsky. En el salón de actos se oyeron por vez primera obras del grupo de nuevos compositores españoles conocido como «Los Ocho»: Salvador Bacarisse, Julián Bautista, Rosa García Ascot, Ernesto y Rodolfo Halffter, Juan José Mantecón, Gustavo Pittaluga y Fernando Remacho. En este ambiente, Lorca, tan dotado musicalmente, se encontraría muy a gusto, y muchos ex residentes han recordado las improvisadas sesiones folklóricas que solían tener lugar cuando Federico se sentaba ante el piano de cola de aquel amplio salón.

En cuanto al deporte, la Residencia, siguiendo su modelo inglés, creía en el lema de *mens sana in corpore sano*, estimando que los deportes son «el acicate para la vida corporativa y para el mantenimiento de un sano espíritu de orden». Lorca, que no nació para deportista, tomaría todo esto a broma, ironizando en Nueva York: «Al poeta le gustan los toros y los deportes y cultiva el *tennis*, que dice es delicadísimo y aburridísimo, casi como el billar».

Después del traslado de la Residencia a «los altos del Hipódromo» había sitio en la casa para unos ciento cincuenta residentes, cifra que se mantendría prácticamente constante hasta 1936 y que hacía posible que todos los que allí vivían se pudiesen conocer. Era una comunidad de tamaño ideal.

La entrevista de Lorca con Alberto Jiménez Fraud es un éxito. Don Alberto recordaría casi cuarenta años después sus primeras impresiones de «aquel joven moreno, de frente despejada, ojos soñadores y sonriente expresión», a quien no dudó en ofrecer una plaza para el curso académico 1919-1920.

Una noche Federico da en la «Resi» un recital de poemas que provoca la admiración de los asistentes y el intenso orgullo de los amigos granadinos del poeta ya instalados en la Corte.

Federico lleva en su bolsillo una carta de presentación de Fernando de los Ríos para Juan Ramón Jiménez, quien, a sus treinta y ocho años, es con Antonio Machado el poeta español contemporáneo más célebre. Juan Ramón se queda encantado con el joven granadino. «Sería muy grato para mí no perderlo de vista», le escribe a Fernando de los Ríos después de la visita. Y no lo perderá. Juan Ramón—íntimo amigo de Alberto Jiménez Fraud y de la Residencia, y ex residente él mismo—lo verá con frecuencia y publicará varios poemas suyos en su revista *Índice*.

6. LA VANGUARDIA MADRILEÑA

La llegada de Lorca a la Residencia coincide con la eclosión en Madrid de una inquieta vanguardia artística de orientación europea. El año anterior ha visitado la capital española el poeta chileno Vicente Huidobro, residente en París y tanto conocedor como transmisor de las nuevas corrientes, mientras el madrileño Ramón Gómez de la Serna, animador de la tertulia literaria de Pombo, abierta a todo lo nuevo, ha estado en Europa durante la Gran Guerra y conoce a los representantes más destacados de las nuevas tendencias, entre ellos Picasso. Para la nueva promoción de escritores y artistas, está claro que Rubén Darío y el modernismo, revolucionarios en su momento, ya no sirven. Después de una terrible guerra, ¿cómo seguir cantando los cisnes y las princesas lánguidas? En la nueva época de la máquina, el automóvil y el aeroplano, sólo puede ser válido un arte más aséptico, libre de sentimentalismos.

El teórico más denodado de la nueva promoción es, sin duda, Guillermo de Torre (nacido en 1900), a quien Lorca conoce en seguida. Poeta vanguardista muy influido por lo que hacen los franceses y que en 1925 publicará un libro que hará época, *Literaturas europeas de vanguardia*, Torre es un volcán de energía y de iniciativas. Parece ser que fue él quien inventó la palabra *ultraísmo* como lema y bandera de las nuevas tendencias: hallazgo feliz, ciertamente. Aunque

Lorca nunca se identificará con el ultraísmo ni mucho menos se llamará ultraísta, su trato con Torre y sus amigos le pone muy en contacto con lo que ocurre en Europa y le convence de que su poesía en absoluto puede seguir ya en la línea rubeniana. A partir de este momento Lorca empieza a perfilar una poesía más concentrada, más escueta, aunque tardará aún un tiempo en encontrar su auténtica voz.

Uno de los ultraístas más vehementes es un poeta argentino que luego será famoso en el mundo entero: Jorge Luis Borges. Otro es el pintor uruguayo Rafael Pérez Barradas, que ha vivido en Barcelona y sirve como puente entre Madrid y la Ciudad Condal, donde la vanguardia artística tiene mucha más pujanza que en la capital, sin duda resultado de la mayor proximidad de París. También hay un joven e inquieto aragonés que vive desde 1917 en la Residencia de Estudiantes y que conseguirá una celebridad universal como cineasta: Luis Buñuel. Éste, con quien Lorca entablará amistad una vez asentado en la Residencia, ha evocado con gracia, en su libro de memorias *Mi último suspiro*, aquellos días de efervescencia ultraísta y de interminables conversaciones en los cafés del viejo Madrid.

En la Residencia de Estudiantes se moverá Lorca como pez en el agua. Durante el período 1919-1928, y especialmente entre 1919 y 1925, la Residencia será el hogar y centro de operaciones del poeta en la capital. Pasará largas temporadas alejado de ella en Granada, retenido por sus exigentes padres, pero siempre que pueda volverá a ella. En la «Resi» hará entrañables amistades y desde ella se lanzará a la conquista del Madrid literario, conquista larga y difícil pero coronada finalmente con el éxito.

No es difícil imaginarse la euforia con la cual volvió Lorca a Granada después de sus primeros escarceos madrileños a sabiendas de que, aquel otoño, empezaría a vivir en la capital. Además, aquel mes de junio viene a reforzar su deseo de estar en Madrid el encuentro con uno de los hombres de teatro más conocidos y respetados de España, Gregorio Martínez Sierra, entonces de paso en Granada con su compañía. Martínez Sierra oye recitar a Lorca un poema que trata de una mariposa que cae herida en una pradera. Allí la recogen unas cucarachas, una de las cuales se enamora de ella y la pierde para siempre cuando, curada, la bella criatura se aleja. El empresario, conmovido, promete al poeta que, si es capaz de convertir el poema en obra de guiñol, se la estrenará en su teatro en Madrid, el Eslava, el más vanguardista de la capital. Lorca acepta el reto y, después de muchas dificultades, da a luz la obra cuyo título definitivo será *El maleficio de la mariposa*.

7. MANUEL DE FALLA EN GRANADA

Por estas mismas fechas tiene lugar en Granada un acontecimiento de trascendentales consecuencias para la obra de Lorca: el establecimiento en la ciudad de Manuel de Falla, que vive primero en una serie de pensiones cerca de la Alhambra y finalmente alquila un pequeño y pintoresco *carmen*—la típica casa-jardín granadina—con vistas sobre la Vega. El compositor gaditano, que en 1919 cumple cuarenta y tres años, acaba de perder a sus padres. Al trasladar su hogar a Granada hace realidad una larga querencia, ya que desde niño ha soñado con vivir al lado de los palacios árabes de la Colina Roja. Su llegada conmueve los círculos artísticos de la ciudad, pues Falla, sin lugar a dudas, es el músico español más respetado del momento.

Antes de que Falla se establezca en Granada, la ciudad ha inspirado obras suyas. El argumento de su temprana ópera *La vida breve* (1904-1905), por ejemplo, se desarrolla entre el Sacromonte y la ciudad propiamente dicha. Inme-

31

diatamente después de su primera visita a Granada, efectuada por lo visto en el otoño de 1914, había iniciado la composición de *El amor brujo* (1915), cuya acción transcurre en una cueva inspirada por el Sacromonte, barrio entonces en gran parte cavernario. Por las mismas fechas estrena sus *Siete canciones populares españolas*, una de las cuales, «Canción», es copia fiel de un conocidísimo cante granadino navideño que algunos años después será armonizado por Lorca e interpretado con frecuencia al piano por él mismo. Se trata de «Los pelegrinitos».

En junio de 1916, con el propio Falla al piano, se había interpretado en Granada la obra recién estrenada del maestro, *Noches en los jardines de España*, en un concierto celebrado en el palacio de Carlos V, a dos pasos de los jardines del Generalife evocados en el primer movimiento de la misma. ¿Estaba entre el público el joven Lorca, que aquel mes cumplía dieciocho años? Es muy probable, ya que profesaba una profunda admiración por el maestro y tocaba con gran energía varias obras suyas.

Hay otros rasgos granadinos en la música de Falla anterior a su establecimiento en la ciudad, pero no hace falta insistir sobre ellos aquí. Lo ya apuntado basta para que el lector aprecie la «vocación granadina» del compositor.

El primer encuentro entre Lorca y Falla tiene lugar en 1919, durante una breve visita del compositor a la ciudad, y no tarda en afianzarse su amistad. El tímido Falla se queda fascinado por la personalidad y dones del joven poeta, que además se revela excelente pianista enamorado de Debussy, mientras Lorca se siente extraordinariamente estimulado por su contacto con el compositor. Además, comparten otra afición, el guiñol andaluz (Falla, como Lorca, tuvo de niño un teatrillo de muñecos), y en estos momentos el maestro está trabajando en *El retablo de maese Pedro*, basado en el famoso episodio de *Don Quijote*. A partir de 1921 las visitas de Lorca al carmen de Ave María, que regenta la hermana del músico, se multiplicarán, y planearán varias obras en colaboración, entre ellas teatro guiñolesco. El fruto más inmediato de la relación entre compositor y poeta, sin embargo, es un nuevo interés de Lorca por la música popular y, en particular, el cante jondo, sobre cuyos remotos y complejos orígenes indaga desde hace años el gaditano. Gracias a Falla, Lorca, que ya se va alejando del modernismo de Rubén Darío, ve las posibilidades para su arte del cante jondo, que sin duda oyó por vez primera en su más tierna infancia, ya que en Fuente Vaqueros siempre hubo mucha afición a la música popular. Lorca afirmó—ya lo hemos visto—que fue Antonio Segura Mesa, su maestro de piano muerto en 1916, quien le «inició en la ciencia folklórica». Si fue así, no cabe duda de que una de las consecuencias de su amistad con Falla consistió precisamente en la profundización del conocimiento de tal «ciencia», para cuyo estudio puso Falla a disposición de su joven amigo y casi discípulo sus vastos saberes en la materia.

Otras varias circunstancias contribuyeron a que se hiciera fuerte la amistad entre Falla y Lorca, entre ellas el hecho de haber sido tanto Antonio Segura Mesa como Felipe Pedrell, maestro de Falla, grandes profesores pero compositores fracasados, lo cual incidiría en la sensibilidad—y ambición—de sus alumnos; la intensa pasión por el arte que animaba a ambos; su compartida francofilia; y el frustrado deseo de Federico de ampliar sus estudios musicales en París, ciudad de la cual pudo hablarle largo y tendido don Manuel (allí había entablado amistad con Debussy y no podía por menos de sentirse fascinado por las piezas «granadinas» del maestro francés, *La Soirée dans Grenade* y *La puerta del Vino*, esta última inspirada en una fotografía de la famosa puerta árabe de la Alhambra).

8. «EL MALEFICIO DE LA MARIPOSA»

Acuciado por Gregorio Martínez Sierra, Federico, cuyo lema siempre sería «tarde pero a tiempo», logró poner punto final a *El maleficio de la mariposa* aquel otoño. Martínez Sierra había cambiado de criterio: ahora los protagonistas no serían títeres sino actores y actrices vestidos de animalitos. El montaje utilizaría los recursos del ballet, con música de Grieg, y Encarnación López Júlvez, «La Argentinita», interpretaría el papel de la mariposa.

El estreno, en marzo de 1920, es un fracaso. Las amargas quejas amorosas de Curianito «el Nene»—trasunto del propio Lorca—y sus dudas metafísicas no conmueven al público, sino todo lo contrario. Los alborotadores entran en acción nada más levantarse el telón y tienen su mejor momento cuando Alacranito declara que acaba de comerse un gusano delicioso. «¡Que le echen Zotal!», recomendó alguien, y la sala se llenó de risas y voces.

En cuanto a las reseñas periodísticas del estreno, varios de los críticos se declararon incompetentes para juzgar la obra, ya que no la habían podido oír. La opinión general era que se trataba de una comedia inmadura, demasiado «poética», pero que su autor no carecía de talento.

El maleficio de la mariposa sólo tuvo cuatro representaciones y luego desapareció del cartel del Eslava. Nunca se volvería a representar en vida del autor. Si Lorca dio la impresión de encajar bien aquel fracaso, declarando que no le importaba la opinión del público, cabe pensar que la procesión iba por dentro: *Impresiones y paisajes* había sido un fracaso; ahora, también, su primer estreno; y allí, en Granada, Federico tiene un padre deseoso de que su hijo mayor haga algo «útil» en la vida.

De hecho, Federico García Rodríguez y Vicenta Lorca estaban vigorosamente empeñados en que sus dos hijos varones tuviesen una sólida carrera profesional. «El título —apunta Francisco en su libro sobre su hermano—, en una sociedad entonces más cerrada que ahora, era vía de acceso a futuras posiciones. Nosotros teníamos que ser "hombres de carrera"». El hijo menor, brillante estudiante, colmó con creces las esperanzas paternas, pero Federico en absoluto.

Después del fracaso de *El maleficio de la mariposa* se hizo más fuerte la presión familiar para que Federico terminara su carrera universitaria. El poeta decidió complacer a sus padres y aquel otoño aprobó varias asignaturas. Éstos se quedaron tan contentos que permitieron que volviera a la Residencia de Estudiantes. Pero su satisfacción no dura mucho tiempo. Federico nunca acabará su carrera de Filosofía y Letras, y la de Derecho—inútil para él, pues era impensable que llegara algún día a ser abogado—sólo en 1923.

Así las cosas, los amigos del poeta le urgen a que publique una selección de los muchísimos poemas que ya tiene escritos, y don Federico se compromete, por segunda vez, a cargar con los gastos de edición. Lorca pone manos a la obra, ayudado por su hermano, y finalmente entrega el manuscrito a su amigo Gabriel García Maroto, que en el verano de 1921 saca *Libro de poemas*.

El libro contiene 68 composiciones fechadas entre 1918 y 1920, y en él se puede ver la evolución del joven poeta desde su etapa «rubeniana», ya comentada, hasta una poesía mucho más depurada. Un amigo del poeta, el musicólogo Adolfo Salazar, elogia la colección en la primera plana del diario madrileño más importante del momento,

El Sol, lo cual complace enormemente al poeta y también, sin duda, a sus padres. Salazar señala que se trata de un libro de transición, de un «"libro de entronque" donde se encuentran los frutos sencillos de su alborear y en donde se despide el poeta de esas horas ingenuas, antes de mostrar su labor presente».

Salazar—fino crítico literario además de musicólogo— percibe en la poesía de Lorca una «exquisita mezcla de aristocracia y popularidad», y acierta al señalar que los poemas más recientes de la colección ya tienen un «perfil moderno», producto del contacto del poeta con las nuevas corrientes artísticas. Lo que no menciona es la angustia erótica que impregna *Libro de poemas*, pese a ser tan evidente. Cabe deducir que, por razón de su amistad con el poeta, decidió silenciar todo comentario al respecto. Hoy esta angustia salta a la vista por dondequiera que abramos el libro.

La «labor presente» a que se refiere Salazar, y que según él cristalizará pronto en un nuevo libro, consiste en la elaboración de unas composiciones que Lorca llama «suites», series de poemillas cortos unidos temáticamente a la manera de las variaciones de las suites musicales de los siglos XVII y XVIII. Ya, en el verano de 1921, Lorca tiene en sus carpetas *suites* suficientes para formar un libro, pero ni ahora ni después las verá publicadas juntas, a pesar de su empeño en este sentido entre 1920 y 1923 y de las numerosas referencias posteriores a ellas en cartas y entrevistas. Sólo en 1983, cuarenta y siete años después de su muerte, será «reconstruido» el libro, gracias a los pacientes esfuerzos del hispanista francés André Belamich. Se trata de más de dos mil versos que, añadidos a las pocas *suites* publicadas por el poeta en revistas y en el librito *Primeras canciones* (1936), forman un conjunto impresionante.

Infancia añorada, angustia por el amor perdido o imposible: debajo de la superficie aparentemente tranquila de muchas *suites* corre el mismo pesimismo que encontramos en toda la primera producción lorquiana.

10. «POEMA DEL CANTE JONDO»

Manuel de Falla y un grupo de amigos suyos granadinos aficionados al cante jondo estaban seriamente preocupados por lo que consideraban decadencia del género. ¿Qué se podría hacer para que aquella música de raíces antiguas, única en Europa, recobrara su pureza y no se perdiera? El maestro comunica su inquietud a los jóvenes contertulianos del «Rinconcillo» y después de infinitas conversaciones surge en el otoño de 1921 un proyecto insólito: organizar en Granada un gran concurso de cante jondo que, avalado por el prestigio internacional de Falla, reuniera a cantantes y aficionados y sirviera para que el mundo de la cultura se diera plena cuenta del enorme valor artístico de tal música, de la cual el moderno flamenco no era sino un pálido reflejo. La idea es acogida con entusiasmo por el «Rinconcillo», por el Centro Artístico de la ciudad y finalmente, después de dudas iniciales, la hace suya el Ayuntamiento de Granada. Se decide que el certamen se celebre durante el Corpus de 1922, se elige un comité organizador y se empieza a hacer propaganda.

El entusiasmo de Lorca por el proyecto es tremendo. Guiado por Falla se pone a estudiar metódicamente el cante jondo, tanto sus orígenes y estructura musical como sus letras, y recibe clases de guitarra flamenca de unos gitanos de la Vega. Cada día trae una revelación. Con otros amigos acompaña a Falla en sus pesquisas por el Sacromonte y los pueblos granadinos colindantes, en busca de cantaores y tocaores que conserven en su pureza canciones y estilos. Poco a poco Lorca llega a la conclusión de que el cante jondo es la expresión más honda de la compleja alma andaluza. Al calor de estas investigaciones se le empiezan a ocurrir los poemas que luego integrarán el libro *Poema del cante jondo*. «Es la primera cosa de *otra orientación* mía», escribe entonces a Adolfo Salazar.

Se trata, en efecto, de una orientación poética muy diferente. En estos versos Lorca no procura en absoluto imitar—como habían hecho en el siglo XIX y después tantos poetas—las coplas del cante. No canta en primera persona. Intenta crear en el lector—mejor, en quien escucha, pues Lorca es ante todo juglar—la ilusión de estar viendo y sintiendo los primitivos escenarios de donde mana la angustia de esta música. En cada uno de los cuatro principales poemas de la colección—«Poema de la siguiriya gitana», «Poema de la soleá», «Poema de la saeta» y «Gráfico de la petenera»—el poeta encarna en una mujer el cante evocado. Mujer en cada caso figuración de la pena identificada por Lorca como poso del temperamento andaluz. Son poemas de amor truncado o frustrado, de sufrimiento, en los que surgen a veces, inesperadamente, chispas de dramático diálogo, como en «Poema de la soleá»:

> Ni tú ni yo
> estamos
> en disposición
> de encontrarnos.
> Tú… por lo que sabes.
> ¡Yo la he querido tanto!
> Sigue esa veredita.
> En las manos
> tengo los agujeros de los clavos…
> ¡No mires nunca atrás!
> Vete despacio
> y reza como yo
> a San Cayetano.

Entre los mejores poemas están los que dedica Lorca a célebres cantaores del pasado, tales como Juan Breva y Silverio Franconetti. De Silverio dice:

> La densa miel de Italia
> con el limón nuestro
> iba en el hondo llanto
> del siguiriyero.
> Su grito fue terrible.
> Los viejos
> dicen que se erizaban
> los cabellos
> y se abría el azogue
> de los espejos.

He aquí el que hoy reconocemos como auténtico lenguaje poético lorquiano. Ante una experiencia escalofriante, es natural que se ericen los cabellos. Pero que se abra el azogue de los espejos ya es más difícil. Estos versos, y otros similares de la colección, nos permiten observar la plasmación del mundo mágico, mítico, de Lorca, en el cual muy bien puede abrirse el azogue de los espejos; donde las seis cuerdas de la guitarra se personifican como seis gitanas que bailan en la «redonda encrucijada» del instrumento o una chumbera se transforma en «múltiple pelotari» que amenaza con sus brazos al viento; en que una pita se transforma en «pulpo petrificado» (magnífica comparación) que pone

> cinchas cenicientas
> al vientre de los montes
> y muelas formidables
> a los desfiladeros.

Estamos lejos ya del lenguaje modernista del joven Lorca y situados en el mundo metafórico del *Romancero gitano*, libro que tanto conmoverá al público culto y no culto cuando se publique en 1928.

Para entender las raíces de esta «nueva orientación» de Lorca, nada mejor que su conferencia «El cante jondo. Primitivo canto andaluz», pronunciada en Granada en febrero de 1922, unos pocos meses antes de celebrarse el concurso. Lorca, que al trazar los orígenes del cante sigue explícitamente las teorías de Falla, no duda de que son los gitanos quienes dieron forma definitiva a una música que existía en germen antes de su llegada a España a finales del siglo XV. Para Lorca, el cante jondo es «el hilo que nos une con el Oriente impenetrable». En él se oye «la aguda elegía de los siglos desaparecidos» y se percibe «la desnuda, escalofriante emoción de las primeras razas orientales». El cante nos hace estremecer ante «la patética evocación del amor bajo otras lunas y otros vientos». Lo esencial suyo, en definitiva, es su *profundidad*. «Es hondo, verdaderamente hondo, más que todos los pozos y todos los mares que rodean el mundo», asegura el poeta. Lorca no ha elaborado todavía su teoría del «duende». La frase «tener duende» no aparece en la conferencia, pero la oirá durante la celebración del concurso en boca de un gran cantaor, Manuel Torre. «Todo lo que tiene sonidos negros tiene duende», diría entonces Torre al escuchar a Manuel de Falla interpretar el primer movimiento de *Noches en los jardines de España*. Lorca tomó nota.

Está claro que lo que atrae a Lorca en el cante jondo es su calidad de expresión de los sentimientos más profundos del alma andaluza. Y está claro también que, al ir buceando al lado de Falla en las raíces del cante, Lorca tuvo la sensación de estar encontrándose a sí mismo.

En cuanto a las letras del cante, Federico no puede ocultar su admiración. Ve en ellas una lección de compresión poética. «Todos los poetas que actualmente nos ocupamos, en más o menos escala, en la poda y cuidado del demasiado frondoso árbol lírico que nos dejaron los románticos y postrománticos quedamos asombrados ante dichos versos», asegura. Otra característica de las coplas del cante jondo que señala Lorca—y es característica de su propia poesía madura—reside en su panteísmo, en el hecho de que en ellas tiendan a adquirir conciencia elementos normalmente considerados carentes de ella, desde una piedra o una flor hasta el viento o el mar. Lorca cita un ejemplo:

> Subí a la muralla;
> me contestó el viento:
> ¿para qué tantos suspiritos
> si ya no hay remedio?

Unos años más tarde, en su poema «Preciosa y el aire», incluido en *Romancero gitano*, Lorca desarrollará el tema del viento antropomórfico—el viento que asume forma humana—, acudiendo entonces no sólo a la tradición popular andaluza sino a antiguas fuentes griegas y latinas.

No cabe duda de que la tendencia panteísta, «antropomorfizante» de Lorca, visible ya en sus primeros poemas, se reforzó con su estudio del cante jondo.

Otra revelación fue la coincidencia temática y metafórica existente entre las coplas del cante jondo y la poesía oriental, coincidencia ya intuida por Lorca al leer unos años antes a Omar Khayyam y ahora comprobada.

El concurso de cante jondo se celebra en la plaza de los Aljibes de la Alhambra las noches del 13 y del 14 de junio de 1922. El éxito de público y de crítica es fulgurante, y sus ecos llegan hasta Londres, París y Nueva York. Quizás el concurso no sirviera para «salvar» el cante jondo, e incluso puede ser que tal pretensión fuera descabellada. Pero lo cierto es que, gracias a él—y gracias a las orientaciones de

Falla en la materia—, Lorca descubrió su auténtica personalidad poética.

11. SALVADOR DALÍ

En septiembre de 1922, tres años después de Lorca, llega a la Residencia de Estudiantes el catalán Salvador Dalí. Tiene dieciocho años. Hijo de un notario de Figueres, acaba de perder a su madre. Extremadamente tímido, con pelo largo, patillas y una extraña indumentaria bohemia que desentona con las convenciones de la Residencia en cuestiones de vestido, es sin duda un «raro». Asiste asiduamente a sus clases de la Escuela Especial de Pintura, Escultura y Grabado (Real Academia de Bellas Artes de San Fernando); al volver de éstas se encierra en su cuarto; y, si sale, es para ir al Prado. Apenas habla con los otros inquilinos de la institución. Luego, un día, alguien descubre los cuadros cubistas de Dalí y, de repente, se hace popular. Cuando, en marzo de 1923, Lorca vuelve a la Residencia después de terminar por fin su carrera de Derecho, Dalí es ya uno de los personajes más destacados y discutidos de la casa.

Acerca del inicio de la amistad entre poeta y pintor no tenemos información precisa y es posible que no se produjera antes de que Dalí, acusado injustamente de provocar una revuelta estudiantil, fuese expulsado por un año de la Escuela de Bellas Artes. Esto ocurre en octubre de 1923 y el joven pintor no volverá a la Residencia hasta el otoño de 1924. Sabemos que entonces sí empiezan a intimar el granadino y el catalán. Dalí invita al poeta a pasar la Semana Santa de 1925 con él y su familia en Cadaqués.

La visita es una revelación para el poeta, que jamás ha pisado tierra catalana. Los Dalí tienen una preciosa casa de verano al borde mismo de la bahía de Cadaqués, en la pla ya d'es Llané. Federico está encantado: con la belleza del lugar, con la hermana de su amigo, Anna Maria, con los personajes locales a quienes va conociendo.

Entre éstos está Lidia Noguer, que antes regentaba una casa de huéspedes en el pueblo donde habían parado, entre otros artistas, Picasso y André Derain. Desquiciada y genial, Lidia está locamente enamorada del pensador catalán Eugeni d'Ors («Xènius») y ha llegado a creer que ella es Teresa «la ben plantada», protagonista de una célebre novela dorsiana. A D'Ors le escribe numerosas cartas y cree que el escritor le contesta—en clave—en sus artículos periodísticos. Cuando Federico la conoce, Lidia vive sola en una barraca, entregada a la lectura y relectura de las obras de su héroe. Su conversación es disparatada y brillante, salpicada de deslumbrantes metáforas. Lidia es surrealista *avant la lettre* y algunos años después, al irse aproximando al movimiento de André Breton, Dalí se inspirará no pocas veces en las lúcidas locuras de su amiga.

En casa de los Dalí, Lorca accede a leer *Mariana Pineda*, obra empezada en 1923 y aún sin estrenar. La historia de la joven heroína granadina, ejecutada por el régimen dictatorial de Fernando VII en 1831 por bordar una bandera liberal, conmueve a los oyentes. Realizan excursiones en barca al cabo de Creus y sus calas, excursiones deliciosas pero que a Lorca le producen escalofríos por su terror a ahogarse; los amigos hacen planes para publicar juntos un *Libro de los putrefactos*, sátira contra los que consideran atrasados en arte y actitudes que nunca verá la luz; participan en las fiestas de Semana Santa; visitan Girona; y, sobre todo, se sientan en la terraza, en la parte delantera de la casa, para tomar el sol—como ha señalado Josep Pla, abril suele ser el mes más delicioso de Cadaqués—y charlar. En cuanto a la llanura del Empordà, Federico asegura que después de la Vega de Granada pocos sitios hay tan bellos en España.

Dalí sabe que a Lorca, como a él mismo, le atenaza el temor a la muerte. Años después evocará la ceremonia que a veces el poeta imponía a sus amigos de la Residencia de Estudiantes, en que representaba su propio cadáver:

> Recuerdo su rostro fatal y terrible, cuando, tendido sobre su cama, parodiaba las etapas de su lenta descomposición. La putrefacción, en su juego, duraba cinco días. Después describía su ataúd, la colocación de su cadáver, la escena completa del acto de cerrarle y la marcha del cortijo fúnebre a través de las calles llenas de baches de su Granada natal. Luego, cuando estaba seguro de la tensión de nuestra angustia, se levantaba de un salto y estallaba en una risa salvaje, que enseñaba sus blancos dientes; después nos empujaba hacia la puerta y se acostaba de nuevo para dormir tranquilo y liberado de su propia tensión.

Aquel extraño rito fascinaba a Dalí, y durante esta Semana Santa consigue que Federico, tumbado en postura de cadáver, pose para él. Mientras Salvador toma apuntes, Anna Maria saca unas fotos que tras la muerte de Lorca nunca querría publicar, por considerar que aquella representación había sido algo así como una premonición del crimen de Granada. Basándose en aquellos apuntes Dalí empezó un cuadro, terminado en 1926, titulado *Natura morta (Invitació al son)*. En él se reconoce fácilmente la cabeza del poeta muerto-dormido. Este cuadro inicia una serie de lienzos y dibujos en los cuales aparece la cabeza de Lorca muchas veces fusionada con la del pintor. Todo ello es indicio de su creciente amistad, que, por parte de Lorca, se irá transformando entre 1925 y 1927 en apasionado y atormentado amor.

Después de su breve estancia en Cadaqués y Figueres, Lorca va a Barcelona, acompañado de Salvador. La ciudad lo fascina en seguida. Mucho más europea y cosmopolita que Madrid, más abierta a las nuevas corrientes artísticas,

44

Barcelona le deja recuerdos imborrables y el deseo de volver cuanto antes, máxime en vista de la calurosa acogida que le dispensan varios jóvenes escritores del momento, entre ellos Josep Maria de Sagarra. Lorca se identifica plenamente con los catalanes en su rechazo del centralismo madrileño, en estos momentos más marcado que nunca con Primo de Rivera en el poder. «Yo que soy *catalanista furibundo*—dirá en 1926—simpaticé mucho con aquella gente tan construida y tan harta de Castilla».

Desde Barcelona Lorca y Dalí vuelven a Madrid, donde pasan algunos meses antes de reunirse en verano con sus respectivas familias. La abundante correspondencia epistolar entre ellos empieza en estos meses. Las cartas de Lorca a Dalí no se conocen, con alguna excepción, pese a que el pintor, poco antes de morir, dijo que las conservaba y pensaba publicarlas. Es una tragedia. Pero sí se han publicado las de Dalí a Federico. Gracias a ellas podemos tener una idea bastante clara de la evolución de su amistad entre 1925 y 1927.

Este verano de 1925, sin duda estimulado por la ausencia del pintor, Lorca empieza su «Oda didáctica a Salvador Dalí», no sólo acendrado canto al amigo y al paisaje de Cadaqués sino también homenaje al arte aséptico, libre de sentimentalismos y de vaguedades, a que en estos momentos aspira Dalí y también, en cierto modo, Lorca. El poeta alaba en Dalí, aparte de su «voz aceitunada» y «alma higiénica», sus «ansias de eterno limitado», su anhelo de exactitud y de orden y su «amor a lo que tiene explicación posible».

Lorca no volverá a la Residencia de Estudiantes hasta la primavera de 1926 y no verá a Dalí hasta mayo de ese año. Se escriben con frecuencia y por las cartas de Dalí nos percatamos de las preocupaciones del poeta, todavía amarrado económicamente a sus padres y deseoso, sobre todo, de estrenar *Mariana Pineda*. Pese a su desánimo, nunca deja de trabajar y a principios de 1926 anuncia a varios amigos que tiene tres libros de poesía listos para la imprenta: *Suites, Canciones* y *Poema del cante jondo*.

En cuanto al teatro, Lorca casi ha terminado *Amor de don Perlimplín con Belisa en su jardín*, una de sus obras dramáticas más logradas e intensas. En ella, pese a los elementos de farsa y grotescos, Lorca explora, con aguda penetración psicológica, el tema de la impotencia amorosa.

En abril se publica en la *Revista de Occidente*, una de las revistas de más prestigio en España, la «Oda a Salvador Dalí». El pintor está orgulloso, y hasta su muerte en 1989 nunca dejará de vanagloriarse de que Lorca le dedicara aquel magno poema. El mes siguiente, eufórico después de una breve visita a París, donde ha visitado a Picasso, Dalí se «autoexpulsa» de la Escuela Especial de Pintura, Escultura y Grabado, negándose a ser examinado por quienes considera ineptos. Para él, la meta es ya la capital francesa, y no volverá a Madrid en vida de Lorca.

Al final de 1926 Federico parece convencido de que su situación va mejorando por fin. Margarita Xirgu le ha hecho saber que estrenará pronto *Mariana Pineda*; Emilio Prados se ha llevado a Málaga *Suites, Poema del cante jondo* y una nueva colección, *Canciones*, para publicarlos en la editorial que allí dirige (aunque, de hecho, sólo editará *Canciones*); el *Romancero gitano* está prácticamente terminado; y tiene numerosos proyectos teatrales. ¿Intuye Lorca que 1927, después de tantas frustraciones, puede ser el año de su definitivo despegue literario? Parece probable.

12. 1927

El año empieza con un acontecimiento cultural de alto vuelo: la salida en Madrid de una nueva revista quincenal de aspiraciones cosmopolitas: *La Gaceta Literaria*. La revista desempeñará en la cultura española durante los cinco años de su publicación un papel de primerísimo orden. Sus cofundadores son Ernesto Giménez Caballero y Guillermo de Torre—este último es uno de los más fervorosos admiradores de Lorca—, que desde el primer momento cuentan con la colaboración del poeta granadino. La revista, en palabras posteriores de Torre, «acogió y potenció todo el espíritu de modernidad germinado en los años inmediatamente anteriores». Es cierto.

Pero *La Gaceta Literaria* es sólo una, aunque la principal, entre numerosísimas revistas literarias, la mayoría efímeras, que florecen en estos momentos en que España da señales de estar viviendo un renacimiento literario. En Granada, Lorca y sus amigos llevan años tratando de levantar una, y ahora el asunto va mejor. La revista, cuyo título definitivo será *gallo*, verá la luz en 1928.

En febrero, Lorca recibe la confirmación de que Margarita Xirgu ha decidido estrenar *Mariana Pineda* aquella primavera en Barcelona antes de ponerla en cartel en Madrid el otoño siguiente. Seguro ya de que, por fin, después de tantos años de lucha, se va a representar la obra, Lorca empieza a preocuparse por la inmadurez de la misma. «El hacer un drama romántico me gustó extraordinariamente hace tres años—le confía a Jorge Guillén—. Ahora lo veo como al *margen* de mi obra». Y, efectivamente, estaba al margen. Pero no hay más remedio que seguir adelante. Además, Dalí se ha comprometido a hacer los decorados y el estreno en Barcelona dará a Lorca la posibilidad de reunirse otra vez con su amigo, a quien no ha visto desde mayo de 1926.

La llegada de Lorca por segunda vez a Cataluña coincide con la publicación, en Málaga, de *Canciones*. Han pasado seis años desde la salida de *Libro de poemas*, seis largos años de lucha, y tanto el poeta como sus amigos están de enhorabuena. Se trata de un libro depuradísimo en el cual se percibe, más que en ningún otro, el lado risueño, juguetón y burlesco del poeta. Muchos de los poemillas están dedicados a amigos suyos de la Residencia, y, de hecho, el libro refleja el espíritu lúdico y elegante que animaba a aquel grupo de compañeros. También constituye una admirable síntesis de motivos populares y cultos, como no deja de percibir la crítica. Síntesis que, como ya sabemos, es una de las características más notables del Lorca maduro.

Lorca está encantado con los decorados que ha hecho Dalí para *Mariana Pineda*, que se estrena en el teatro Goya el 24 de junio de 1927. Margarita Xirgu ha puesto todo su talento al servicio de la obra, y la representación es un éxito relativo. Los críticos saben ver que, pese a los defectos de la obra, el autor tiene temperamento dramático, que es lo que Lorca necesita oír. De *Mariana Pineda* sólo se realizan seis representaciones, porque Margarita Xirgu tiene la obligación de abandonar el teatro el 3 de julio, pero son suficientes para convencer a Lorca de que su carrera teatral va bien encaminada. Además, Margarita Xirgu, encantada con el personaje de Mariana, promete estrenar su temporada otoñal en Madrid con la obra.

El poeta tiene motivos para estar radiante. Además, coincidiendo con el estreno de *Mariana Pineda*, sus amigos han organizado una exposición de sus dibujos en las prestigiosas Galeries Dalmau e incluso se venden algunos. Dramaturgo, dibujante, poeta, pianista—no faltan recitales musicales—, brillante conversador: todo ello hace que el grupo de admiradores que tiene Lorca en Barcelona crezca vertiginosamente ese verano.

Después de *Mariana Pineda* y de la exposición de sus dibujos, Lorca vuelve a Cadaqués con Dalí y allí pasa uno de los momentos más felices de su vida. Lo que no sabe es que

48

no volverá a ver a Dalí en ocho años.

Lorca pasa el resto del verano en Granada con sus padres, dibujando bajo la influencia de Salvador y esperando impaciente el estreno de *Mariana Pineda* en Madrid. Éste tiene lugar en octubre y supone un éxito considerable. Aunque Primo de Rivera no es otro Fernando VII, no faltan quienes ven en la obra un ataque a una dictadura que, si no ejecuta a los que bordan banderas liberales, trata a los españoles como si fuesen menores de edad.

Margarita Xirgu está cada vez más segura de que tiene en Lorca a un autor capaz de escribir grandes obras dramáticas. Saberse así apreciado por una de las más grandes actrices españolas constituye un enorme estímulo para Federico en estos momentos. Momentos, además, en que el surrealismo, con su insistencia en la necesidad de dar expresión a las fuerzas del subconsciente, tiene un fuerte atractivo para el poeta, como se puede apreciar en su prosa «Santa Lucía y San Lázaro», publicada en noviembre de 1927 en la *Revista de Occidente*. Dalí, al leerla, se siente orgulloso, pues percibe en ella la influencia de su prosa «Sant Sebastià», publicada unos meses antes. Pero ni Dalí ni Buñuel, con quien el pintor está en contacto cada vez más, creen que Lorca es surrealista «puro». Y tienen razón, pues Lorca no quiere ni intenta serlo. Una cosa es la influencia del surrealismo, que Federico asume; otra, ser surrealista ortodoxo, algo que nuestro poeta, muy suyo, habría sido incapaz de ser.

13. «ROMANCERO GITANO»

En el verano de 1928 se publica por fin el *Romancero gitano*, varios de cuyos poemas se han dado a conocer ya en revistas. El éxito es inmediato, arrollador. Según el novelista y crítico Ricardo Baeza, «Federico García Lorca ha logrado forjarse el instrumento de expresión lírica más personal y singular que ha aparecido en castellano desde la gran reforma de Darío». No cabía mayor elogio. En el corto espacio de unas semanas el nombre del poeta, ya célebre entre las minorías amantes de la poesía, se convierte en conocido nacionalmente. Y es que los dieciocho romances de la colección, algunos sencillos y otros más complejos, gustan no sólo a los lectores cultos sino a personas sin educación formal e incluso analfabetas.

Ha habido una confusión considerable en torno al «gitanismo» lorquiano, y el poeta mismo, ante el éxito del libro, se verá en la necesidad de ofrecer aclaraciones al respecto. Así, en 1931, declara: «El *Romancero gitano* no es gitano más que en algún trozo al principio. En su esencia es un retablo andaluz de todo el andalucismo […] Es un canto andaluz en el que los gitanos sirven de estribillo […] Romance de varios personajes aparentes, que tiene un solo personaje esencial: Granada». En otras declaraciones Lorca parece contradecirse al afirmar que el libro tiene «un solo personaje, que es la Pena». Pero no hay tal contradicción, ya que, para Lorca, Granada y «Pena» vienen a ser lo mismo. El libro, en definitiva, expresa una Andalucía subyacente, antiquísima, que Lorca intuye en Granada, una Andalucía transida por una pena definida crípticamente por el poeta como «una lucha de la inteligencia amorosa con el misterio que la rodea y no puede comprender». En lo hondo de estos romances late la angustia lorquiana de siempre: frustración amorosa, acecho de la muerte, acción represora de una sociedad insolidaria (representada aquí por la Guardia Civil que, en uno de los poemas más famosos, destruye «la ciudad de los gitanos»).

En torno al *Romancero gitano* se ha acumulado una ingente bibliografía en diversos idiomas. Se trata, sin duda alguna, del libro de poemas más leído, más recitado, más estudiado y, en definitiva, más célebre de toda la literatura española, desde las raíces míticas del mundo gitano de Lorca hasta la identidad en la vida «real» de algunos de sus personajes (Antoñito el Camborio, el cónsul de los ingleses, Soledad Montoya...); desde las múltiples reminiscencias folklóricas y no pocas fuentes literarias de estos versos hasta el valor simbólico que tienen en ellos la luna, el pez, el toro, las flores o el color verde; desde la función de las rimas hasta la de la puntuación: apenas hay elemento del *Romancero gitano* que no haya sido analizado y desmenuzado por estudiosos españoles y no españoles, lo que demuestra que estos poemas trascienden con creces el marco granadino localista.

Hay un amigo de Lorca que, sin embargo, no está del todo conforme con los elogios recibidos por el *Romancero gitano*: Salvador Dalí. En septiembre de 1928 el pintor, que acaba de recibir su ejemplar del libro, escribe una larga carta a Federico en la cual expone sus reservas al respecto. Dalí se está acercando cada día más al surrealismo, y le repele lo que considera el trasnochado costumbrismo del libro, sus vínculos con la poesía tradicional y con el realismo «convencional». No obstante, percibe en los romances «la substancia poética más gorda que ha existido» y advierte a Lorca que, el día que abandone la rima y el arte «tal como se entiende entre los puercos», hará cosas «divertidas, horripilantes, crispadas, poéticas como ningún poeta ha realizado».

«Carta aguda y arbitraria que plantea un pleito poético interesante», comenta Lorca en una carta a otro amigo catalán, el crítico de arte Sebastià Gasch. En realidad, cuando se publica el *Romancero gitano*, Lorca está ya en otra línea muy diferente y está cansado del tema «gitano». Después de todo, la mayoría de los romances circulan desde hace varios años, tanto en revistas como de boca en boca, y representan un momento de gestación anterior. Este hecho es característico de nuestro poeta, gracias a su condición de juglar: a menudo su poesía se conoce oralmente antes de aparecer en forma de libro, de modo que lo que puede ser novedad para muchos lectores no constituye necesariamente lo más nuevo de la producción del poeta. De hecho, Lorca se está acercando mucho en estos momentos al surrealismo y al punto de vista de Dalí, como se puede apreciar otra vez en dos conferencias pronunciadas este otoño bajo la influencia del artista catalán: «Imaginación, inspiración y evasión en la poesía» y «Sketch de la pintura nueva». En la primera Lorca se declara atraído por una nueva «lógica poética», la de una inspiración libre de ataduras racionales. En la segunda su interés por el surrealismo se hace explícito.

Publicado el *Romancero gitano*, Lorca vuelve a Granada, donde las reseñas del libro, casi todas elogiosas, no sirven para paliar una grave depresión que está atravesando. A un amigo colombiano, Jorge Zalamea, le escribe: «Yo he *resuelto* estos días con voluntad uno de los estados más dolorosos que he tenido en mi vida. Tú no te puedes imaginar lo que es pasarse noches enteras en el balcón viendo una Granada nocturna, *vacía* para mí y sin tener el menor consuelo de nada». Y en otra carta: «Se necesita tener la cantidad de alegría que Dios me ha dado para no sucumbir ante la cantidad de conflictos que me han asaltado últimamente». Como es habitual en él, Lorca no revela (por lo menos en las cartas que conocemos) la raíz de su depresión, pero parece ser que ésta tenía que ver con su relación de varios años con un joven escultor, Emilio Aladrén, que en estos momentos se va alejando del poeta. Acerca de dicha relación, vivida muy intensamente por Federico, tenemos muy pocas noticias: Aladrén, que se casó con una inglesa, murió en 1942 y sólo conocemos de él un par de cartas conservadas en el archivo del poeta.

Un consuelo evidente habría sido que Salvador Dalí hubiera cumplido su palabra y visitado al poeta en Granada. Pero el ambicioso Dalí está entregado exclusivamente a su obra y no accede a los ruegos del amigo. Además, parece ser que, atemorizado por la intensidad de la pasión que experimenta por él Federico, Dalí, que siente auténtico pánico ante la posibilidad de ser homosexual, ha decidido no volver a ver al poeta por el momento, algo que nunca le explica. En ello ha influido Buñuel, que profesa desprecio por los homosexuales y hace todo lo posible por atraer a París a Dalí.

Lorca hace años que no va a misa, pero ante la arremetida de tantos conflictos interiores siente a lo largo de 1928 algo así como un renacer de la fe católica de su infancia (aunque no sabemos si alguna vez comulgó). Desde los primeros meses del año trabaja en una *Oda al Santísimo Sacramento*, que en estos momentos pugna por terminar. Y es que, como ha señalado acertadamente Eutimio Martín, la vida de Lorca es «un caminar en espiral, de derecha a izquierda y de izquierda a derecha desde un polo místico al otro erótico, desgarrado por una irresistible llamada de la más diáfana espiritualidad y de apetitos carnales tan irreprimibles como heterodoxos».

Por estas fechas los padres de Federico, seriamente preocupados por sus depresiones y estimando que necesita un cambio de aires, acceden a pagarle una estancia en Nueva York. La idea parte, con casi toda seguridad, del catedrático Fernando de los Ríos, gran amigo de la familia, que ha sido invitado a dar varias conferencias en Nueva York y Puerto Rico ese verano. De los Ríos tiene buenos amigos en la Columbia University de Nueva York, donde hay un floreciente departamento de español, y no le costaría convencer a los padres del poeta de que éste sería muy bien recibido y atendido.

Antes de embarcar, Lorca participa anónimamente en una procesión de Semana Santa en Granada—otro indicio, cabe pensarlo, de su necesidad de consuelo religioso en estos momentos—, y, en mayo, está presente en el estreno granadino de *Mariana Pineda* por Margarita Xirgu, estreno que, dado el interés local del tema de la obra, suscita una enorme expectación en la ciudad.

14. NUEVA YORK. 1929-1930

Fernando de los Ríos y Lorca llegan a Nueva York en junio de 1929, tras pasar brevemente por París e Inglaterra. Gracias a las cartas de Federico a su familia, sabemos numerosos pormenores de la vida «externa» del poeta en la ciudad durante su estancia de nueve meses allí: «externa» porque en dichas misivas el poeta elude cualquier referencia a su vida íntima. El tono de las cartas, siempre alegre y optimista, contrasta con el de los poemas escritos durante este período, donde aflora la angustia de siempre pero ahora más aguda que nunca.

Hay que tener en cuenta que Lorca jamás ha estado fuera de España y que Madrid en esos días no alcanza el millón de habitantes. Nueva York le impresiona y horroriza a un tiempo. «Sería tonto que yo expresara la inmensidad de los rascacielos y el tráfico—escribe en su primera carta a casa—. Todo es poco. En tres edificios de éstos cabe Granada. Son *casillas* donde caben 30.000 personas».

Sería un error pensar que Lorca se encuentra solo a su llegada a Nueva York. Al contrario, en el departamento de español de la Columbia University, donde su fama le ha precedido, profesores y alumnos esperan expectantes su llegada. Federico tiene allí, además, unos buenos amigos de sus primeros días en Madrid, en primer lugar Ángel del Río, profesor del departamento de español, que en Nueva York será anfitrión suyo, y el titular del mismo, Federico de Onís. También está en Nueva York el bullicioso artista Gabriel García Maroto, editor, ocho años antes, de la primera colección de versos de Lorca, *Libro de poemas*. El reencuentro de los dos amigos es alegrísimo. Además el gran don de gentes de Lorca, su carisma arrollador, su calidad de juglar nato y su pericia al piano le proporcionan en seguida nuevos amigos, tanto españoles e hispanos como norteamericanos. Puede tener soledad interior y angustia, pero nunca le faltarán compañeros y admiradores.

Lorca no tarda en encontrar, como si de una revelación se tratara, el tema de sus primeros poemas neoyorquinos: los negros. Mejor, los negros como víctimas de una civilización ajena donde sólo parece contar el dinero y donde lo espontáneo apenas se cotiza. El negro lorquiano es hermano del gitano andaluz del *Romancero*. Ambos son seres elementales perseguidos durante siglos y considerados como inferiores, seres de alma musical afín—el cante jondo y el jazz o el blues tienen puntos en común—y de gran soltura en la expresión corporal y la danza. Pero, en la visión de Lorca, la situación del negro es aún peor que la del gitano de su tierra, pues está separado de su medio natural—el campo—y forzado a vivir en «un Senegal de máquinas», a seguir las órdenes de los blancos. ¿Cómo extrañarnos de que Lorca se sintiera atraído poderosamente por los negros, que se identificara con ellos y su lucha? Todo ello se expresa en su gran poema «El rey de Harlem», uno de los primeros del ciclo neoyorquino:

¡Ay, Harlem! ¡Ay, Harlem! ¡Ay, Harlem!
¡No hay angustia comparable a tus ojos oprimidos,

a tu sangre estremecida dentro del eclipse oscuro,
a tu violencia granate, sordomuda en la penumbra,
a tu gran rey prisionero con un traje de conserje!

Antes de que se inicien los cursos de otoño en Columbia, Lorca hace una escapada a Vermont, invitado por un amigo norteamericano, Philip Cummings, a quien ha conocido en la Residencia de Estudiantes de Madrid. A orillas del lago Eden, donde los Cummings han alquilado una cabaña, y mientras envía cartas llenas de entusiasmo a sus padres y hermanos, Lorca compone uno de los poemas más desoladores de toda su obra, «Poema doble del lago Eden». Asediado por recuerdos de su niñez, Federico reivindica en este poema su derecho humano a ser quien es, a «decir mi verdad de hombre de sangre», sin ser objeto de burlas por parte de una sociedad que desprecia a los que son diferentes.

De vuelta a Columbia, y adaptado cada vez más a la vida de la metrópoli—¡hasta logra viajar solo en metro!—, Lorca se empeña en no aprender inglés, frecuenta los teatros de vanguardia (donde encuentra muchos estímulos para su propia vocación dramática), y se convierte en asiduo del nuevo cine sonoro. Consciente del éxito de *Un perro andaluz*, que aún no ha visto aunque parece seguro que conoce el guión—tal vez enviado por Buñuel o Dalí—, Lorca redacta una «contestación» a la cinta de los dos amigos titulada *Viaje a la luna*. No se trata de un viaje físico hacia la luna, sino de un viaje psíquico hacia la luna como símbolo de la muerte. Texto escalofriante, he aquí otra vez el tema del amor homosexual abocado al fracaso y a la desesperación. Dos dibujos hechos por el poeta en estos momentos expresan la misma angustia. Yace sobre una mesa, en ambos, un moribundo herido cuya cabeza tiene los rasgos de la del propio poeta y que se desangra por el sexo, lo cual sugiere indefectiblemente la castración, es decir, la muerte sexual.

Lorca declaró posteriormente que su estancia en Nueva York fue la experiencia más útil de su vida. Cabe pensar que lo diría en el sentido de que allí, lejos de España y en contacto con una cultura muy diferente a la española, se dio plena cuenta de sus posibilidades como creador. Además, haber sobrevivido nueve meses en un mundo tan extraño, sin los apoyos a los que estaba acostumbrado, le infundió seguramente una nueva confianza en sí mismo.

15. CUBA

Después de Nueva York, después de los rascacielos y de la vida frenética de la metrópoli, el poeta viaja a Cuba, invitado a dar una serie de conferencias. Viaja en tren a Tampa, embarca en Key West y llega a La Habana el 7 de marzo de 1930.

Desde niño, Federico ha soñado con «la perla del Caribe». Allá en Fuente Vaqueros su padre recibía magníficos puros cubanos, cuyas cajas, con sus dibujos, fascinaban al futuro poeta, mientras muchas veces su tía Isabel cogía la guitarra para cantarle lánguidas habaneras. ¿Cómo Lorca no iba a sentirse feliz en la musical Cuba, donde, además, se esperaba con impaciencia al autor del *Romancero gitano*, libro muy conocido en los círculos literarios de la isla?

«Si yo me pierdo, que me busquen en Andalucía o en Cuba», escribe Federico a sus padres, extasiado, después de unos días en la isla. Cuba colma todas sus esperanzas.

Allí, a diferencia de en Nueva York y pese a su pobreza, los negros están en su salsa. Son, explicará Federico en una conferencia posterior, «negritos sin drama que ponen los ojos en blanco y dicen: "Nosotros somos latinos..."». La belleza de los mulatos habaneros le encandila, así como el hecho de que los negros cubanos se expresen en un español muy parecido al andaluz.

Las cinco conferencias dictadas por Lorca en La Habana poco después de su llegada consiguen un éxito ruidoso, especialmente la nueva versión de su charla sobre el cante jondo. En pocas semanas Federico se convierte en objeto de adulación. Es un éxito acaso previsto por él, ya que en Nueva York había podido apreciar el impacto que ejercía su duende personal en una variada gama de gentes de Hispanoamérica.

Después de las conferencias Lorca se lanza al descubrimiento de la isla, en varias de cuyas ciudades repite sus conferencias o da recitales de su poesía. Visita Santiago de Cuba; asiste a una cacería de cocodrilos; rodeado de admiradores disfruta de la apabullante vida nocturna de La Habana, presencia, con la futura especialista en folklore cubano Lydia Cabrera, una escalofriante procesión de la secta secreta de los ñáñigos; y hay, también, aventuras amorosas, nunca documentadas pero todavía hoy comentadas en la capital cubana.

El alma musical de Lorca se extasía al contacto de los ritmos afrocubanos, en algunos de los cuales cree encontrar un origen andaluz. En esos momentos está muy de moda el «son», baile parecido a la rumba. Lorca se hace amigo de los «soneros», prueba sus instrumentos y compone el poema «Son», en el cual fusiona sus recuerdos infantiles de la isla con sus impresiones recientes:

> Cuando llegue la luna llena iré a Santiago de Cuba,
> iré a Santiago,
> en un coche de agua negra...

En La Habana Lorca trabaja afanosamente en un nuevo drama, *El público*, probablemente empezado en Nueva

York, que representa un avance enorme en su producción anterior. Obra muy influida por el surrealismo, rompe con todos los moldes del teatro español contemporáneo. *El público* es a la vez una reflexión sobre el papel del teatro en la sociedad contemporánea, que Lorca quisiera revolucionario, y una reivindicación del derecho de los sexualmente «diferentes», sobre todo los homosexuales, a vivir su vida abiertamente, sin disfraces impuestos por una sociedad hipócrita y cruel (en la obra hay omnipresentes *caretas* con las cuales los personajes procuran disfrazar su verdadera personalidad erótica). *El público* nos da la medida del auténtico Lorca, del Lorca que no puede expresar abiertamente su sexualidad y que, por ello, simpatiza con todos los oprimidos del mundo. Tan revolucionaria es la obra que nunca será estrenada en vida del poeta.

Parece ser que Cuba ayudó a Lorca a sentirse más libre, más conforme con su condición de homosexual. Al volver a España en junio de 1930, después de una ausencia de un año, muchas personas notaron el cambio.

16. VÍSPERAS DE LA REPÚBLICA

En España también se han producido cambios. Primo de Rivera ha caído, la Monarquía, por su apoyo al dictador, está en pleno descrédito, y los republicanos están convencidos de que su momento llega. El ineficaz general Berenguer, que ha tomado el relevo del dictador exiliado, promete que pronto se celebrarán elecciones municipales.

Federico pasa el verano con su familia en la Huerta de San Vicente, la encantadora casa de campo comprada por su padre en 1925. Situada en la linde entre la ciudad y la Vega, la Huerta de San Vicente es un oasis de paz y frondosidad que hace las delicias del poeta. «Hay tantos jazmines en el jardín y tantas "damas de noche"—había escrito Lorca a Jorge Guillén en 1926—que por la madrugada nos da a todos en casa un dolor lírico de cabeza». Aquí pone punto final a *El público* antes de volver a Madrid, donde, en octubre, anuncia que tiene tres nuevos libros listos para la imprenta: *Odas, Tierra y luna* («trabajado en el campo, en New England») y *Nueva York*. Lorca no desperdicia ocasión alguna para revelar que ha escrito un drama revolucionario, *El público*, que juzga irrepresentable por el momento, ni para insistir en que su mayor preocupación actual es el teatro nuevo, «avanzado de formas y teoría».

Pero si *El público* es, por ahora, irrepresentable, Lorca tiene otras obras dramáticas que pueden ser estrenadas inmediatamente. Reanuda su contacto con Margarita Xirgu quien, en diciembre, pone en Madrid *La zapatera prodigiosa*, empezada cinco años antes. La obra tiene un coro—las vecinas que comentan la acción—cuyo despliegue demuestra que Lorca ha estado buceando en el teatro griego antiguo. «El coro es algo insustituible, algo tan profundamente teatral, que su exclusión no la concibo», declara a la prensa. Dicho coro es un claro antecedente de los de *Bodas de sangre* y *Yerma*, dos obras que ya tiene en mente.

La zapatera prodigiosa gusta al público y, en general, a la crítica, pero no falta quien achaque a Lorca el no haber puesto en escena, después de su estancia neoyorquina, una obra más moderna. Pero Federico sabe que, por el momento, su teatro de vanguardia tendrá que esperar. Las circunstancias no son propicias. Por ello decide desarrollar otra faceta de su arte que sabe gustará tanto al público como a los empresarios teatrales: la que encuentra su inspiración en la vida y las tradiciones del campo que él ha conocido como niño en la Vega de Granada y que, en parte, se refleja ya en *La zapatera prodigiosa*. El poeta entiende, sin duda, que sólo una vez conseguido el éxito económico con

60

obras como ésta se podrá dedicar al teatro de vanguardia con el que sueña.

17. LA REPÚBLICA

El 12 de abril de 1931 se celebran elecciones municipales en todo el territorio español. El pueblo acude a las urnas en medio de un inmenso júbilo para dar al traste con los ayuntamientos de la dictadura. Dos días después se proclama la República y el rey Alfonso XIII abandona el país. La monarquía ha caído como una fruta podrida y por fin se ha presentado la posibilidad de una nueva España democrática, progresista. La alegría de la gran mayoría de los españoles, entre ellos Federico García Lorca, es incontenible. Pero, ante la dura realidad de la situación económica y social del país, pronto se disipará ese optimismo.

Durante los cinco años de la República, Lorca se identificará plenamente con la democracia pero no militará en un partido político. Resueltamente antifascista, su posición es afín a la del ala liberal del Partido Socialista Obrero Español, uno de cuyos representantes más conspicuos, Fernando de los Ríos, ministro de Justicia y luego de Educación en la primera etapa republicana (1931-1933), sigue siendo amigo y «protector» del poeta granadino.

Una de las metas principales de los republicanos es dar cultura al pueblo, que padece un nivel de analfabetismo altísimo. A tales efectos se construyen miles de escuelas nuevas, se incrementan los salarios de los profesores y se crean «misiones pedagógicas» cuya tarea es llevar teatro, cine, reproducciones de cuadros, etc., a la España rural. Entre estas iniciativas está la de La Barraca, teatro ambulante de la Universidad de Madrid, cuya dirección se confía a Lorca y cuyo cometido principal es representar teatro clásico en los pueblos alejados de los grandes centros y durante tantos siglos privados de cultura.

Entre 1932 y 1936, La Barraca montará trece obras con las que dará más de cien representaciones en unos sesenta pueblos y ciudades a lo largo y a lo ancho de España. Participarán en la aventura un centenar largo de estudiantes.

La Barraca será, para el poeta, una de las experiencias más gozosas de su vida, enlazando con sus sueños de niño de la Vega de Granada, con su amor al guiñol y con su vocación de «misionero del arte». Será como un hijo suyo, un hijo muy querido que a veces le proporcionará graves problemas, a veces le distraerá de su propia creación literaria, casi siempre le entretendrá y de quien, eso sí, aprenderá mucho, sobre todo como director de escena.

Al seguir los pasos de Lorca durante los que van a ser los últimos cinco años de su breve vida, habrá que tener siempre en cuenta que La Barraca es para él una constante preocupación.

18. «ASÍ QUE PASEN CINCO AÑOS»

En el verano de 1931, unos pocos meses antes de que surgiera el proyecto de La Barraca, Lorca termina una nueva obra de teatro, *Así que pasen cinco años*, que constituye la fusión más perfecta en todo su teatro de lo vanguardista y lo hondamente popular, tradicional. No hay en esta «leyenda del tiempo»—su subtítulo—una sola referencia concreta a España. Sin embargo, a lo largo de ella afloran reminiscencias de canciones asimiladas por el futuro poeta durante su infancia en la Vega de Granada, y ahora recordadas o recreadas (frontera siempre difícil de establecer en Lorca) en función de la aguda nostalgia que impregna esta meditación sobre el tiempo que pasa.

El protagonista de la obra, el Joven, encarna las consecuencias del aplazamiento amoroso. Comete, como otros personajes lorquianos, el fatal error de no vivir su vida a fondo en el momento presente. Pretender que, después de un largo viaje de cinco años, la persona amada sea la misma, y que todo pueda seguir igual, es, en el mundo de Lorca, una terrible equivocación. El amor, como han advertido siempre los poetas, no espera.

Pese a la atmósfera de ensueño que la envuelve, *Así que pasen cinco años* es una obra menos irracional que *El público*, con una coherencia estructural y temática notables. Y hay un dato escalofriante. La última página del manuscrito está fechada en Granada el 19 de agosto de 1931. El hecho de que matasen a Lorca el 18 o el 19 de agosto de 1936, *exactamente cinco años después,* hace inevitable que reflexionemos sobre el posible carácter premonitorio de esta obra, al final de la cual, además, el Joven muere violentamente. La coincidencia no puede por menos de ser sorprendente. Sabemos por numerosos testigos, además, que Lorca poseía una hipersensibilidad que a veces rozaba lo parapsicológico, y que vivía angustiado permanentemente por la inevitabilidad de la muerte.

19. «BODAS DE SANGRE»

En el verano de 1928 la prensa madrileña había seguido de cerca la investigación judicial del misterioso asesinato de un campesino ocurrido en el aislado pueblo almeriense de Níjar. Drama de honor ultrajado—la novia había huido en vísperas de su boda con un primo suyo, muerto inmediatamente por un familiar del novio—, los pormenores del crimen parecían sacados de un romance popular, de esos que antaño cantaban los ciegos. El caso llamó fuertemente la atención a Lorca, quien tal vez, al leer los reportajes aparecidos en la prensa, recordaría los meses que pasó de niño en Almería y el carácter desértico, casi magrebí, de los alrededores de la ciudad.

No sabemos cuándo concibió Lorca la posibilidad de escribir una tragedia basada en los sucesos de Níjar. Tal vez en seguida. Pero pasaron cuatro años antes de que el proyecto cuajara.

En *Bodas de sangre*, terminada en el verano de 1932, justo antes de la primera gira de La Barraca, Lorca lleva al teatro el mundo primitivo del *Romancero gitano*, con la ventaja añadida de poder recurrir a la música tradicional, que tan bien conocía e interpretaba. En cuanto al tema de la obra, vale la pena recordar lo que dijo en 1933: «Algo que también es primordial es respetar los propios instintos. El día en que deja uno de luchar contra sus instintos, ese día se ha aprendido a vivir». En *Bodas de sangre* los tres Leñadores, que actúan como coro, comentan la huida de los amantes en términos muy parecidos:

> LEÑADOR 2.º—Hay que seguir la inclinación; han hecho bien en huir.
> LEÑADOR 1.º—Se estaban engañando uno a otro y al final la sangre pudo más.
> LEÑADOR 3.º—¡La sangre!
> LEÑADOR 1.º—Hay que seguir el camino de la sangre.
> LEÑADOR 2.º—Pero la sangre que ve la luz se la bebe la tierra.
> LEÑADOR 1.º—¿Y qué? Vale más ser muerto desangrado que vivo con ella podrida.

Lorca, siempre obsesionado con el tema del amor frustrado, sabía que no hay en la vida soledad más espantosa que la de un matrimonio infeliz sin posibilidad de vuelta atrás. Desarrollará el asunto en *Yerma*, ya empezada cuando escribe *Bodas de sangre*. Al haberse desviado Leonardo y la Novia del «camino de la inclinación», doblegándose en cambio a otras exigencias, han hecho inevitable la tragedia. *Yerma* y la protagonista de *Doña Rosita la soltera* padecerán un parecido sino, contra el cual se rebelará tercamente la última gran heroína de Lorca, Adela, en *La casa de Bernarda Alba*.

Federico García Lorca considera que la única salvación para la persona humana reside en «respetar los propios instintos» y dejar de luchar contra ellos. Pero, ¡qué difícil resulta cuando la sociedad es intolerante y uno no es como los demás!

En marzo de 1933 la actriz Josefina Artigas estrena *Bodas de sangre* en Madrid. La crítica es casi unánimemente positiva, aunque la personificación de la luna no gusta a todo el mundo. A partir de este momento Lorca empieza a conseguir la libertad económica que durante tanto tiempo ha sido una obsesión para él. Además, el éxito de *Bodas de sangre* significa para Lorca la posibilidad de poder estrenar, tal vez pronto, su teatro de vanguardia, que constituye—como no deja nunca de insistir—su «auténtica obra».

20. RAFAEL RODRÍGUEZ RAPÚN

Entretanto Lorca se ha enamorado. Rafael Rodríguez Rapún, catorce años más joven que el poeta, es un chico apuesto, robusto y deportista, de cabello ensortijado, sonrisa cautivadora y perfil, en palabras de un amigo, «de estatua griega». Estudia para ingeniero de minas y es socialista fervoroso. Es, además, secretario de La Barraca, donde Lorca lo ha conocido.

Poco, poquísimo sabemos acerca de la relación del poeta y Rapún, que morirá luchando contra Franco exactamente un año después que Federico. No se conoce ninguna carta de éste al joven, aunque había muchas, y de las de Rapún al poeta sólo parece conservarse una en el archivo de la Fundación que lleva el nombre del poeta granadino. Por todo ello vale la pena reproducir aquí un fragmento de la misma. La carta fue mandada por Rapún a Lorca al poco tiempo de embarcar éste para Buenos Aires en octubre de 1933. En ella dice Rafael:

> Me acuerdo muchísimo de ti. Dejar de ver a una persona con que ha estado uno pasando, durante meses, todas las horas del día es muy fuerte para olvidarlo. Máxime si hacia esa persona se siente uno atraído tan poderosamente como yo hacia ti. Pero como has de volver, me consuelo pensando que esas horas podrán repetirse. Aún hay otro consuelo: el de saber que has ido a cumplir una misión. Este consuelo nos está reservado a los que tenemos concepto del deber, que cada día vamos siendo menos.

Rapún no sólo no es homosexual sino que siente verdadera pasión por las mujeres, que además lo encuentran muy atractivo. Ello no impide que, en los pocos años de vida que les quedan a él y a Federico, su amistad se haga íntima. No es probable que lleguemos a saber nunca más detalles acerca de su relación. Como en el caso de la relación de Lorca con Emilio Aladrén y con Dalí, la documentación escasea (aunque hay más en el caso del pintor), y los que algo saben prefieren callar. Para el biógrafo, tal situación es exasperante.

21. «YERMA»

Como *Bodas de sangre*, *Yerma* se basa en hechos reales, en este caso la romería de Moclín, pueblo montañoso situado a unos quince kilómetros de la Vega de Granada y cuyo Cristo del Paño tiene fama de curar la esterilidad. En cuanto a la protagonista de la obra, mujer de campo casada que poco a poco se vuelve desesperada al no concebir un hijo, es posible que el poeta esté pensando en Matilde Palacios, primera mujer de su padre, que murió sin tener hijos después de catorce años de matrimonio. De todas maneras, dada la obsesión lorquiana con la frustración amorosa en sus distintas modalidades, no es sorprendente que escribiera la tragedia de la mujer que no puede ser madre, tema además tratado en una temprana composición de *Libro de poemas*, «Elegía» (fechado en 1918).

La obra, cuyos dos primeros actos estaban prácticamente terminados antes de que Lorca embarcara para Argentina en el otoño de 1933, contiene una fuerte carga de crítica social. *Yerma* no siente pasión por su marido—a quien eligió su padre—, pero al aceptar el código de comportamiento impuesto por la sociedad no es libre para buscar otra pareja. No cabe duda de que, para el poeta, el concepto del honor es una de las «morales viejas o equívocas» (palabras suyas) que habría que desterrar de la vida española, así como la idea de que la mujer es propiedad del hombre, noción cristalizada en una frase, con olor a refrán, del marido de *Yerma*: «Las ovejas en el redil y las mujeres en su casa».

22. ARGENTINA

A finales de julio de 1933 Lorca recibe la gran noticia del éxito de *Bodas de sangre* en Buenos Aires, donde ha sido estrenada por la actriz Lola Membrives. La capital argentina es famosa por la exigencia de sus públicos teatrales, y allí un éxito teatral puede suponer mucho dinero para el dramaturgo. Lola Membrives presiona a Lorca para que se junte con ellos, asegurándole que tiene garantizados importantes derechos de autor. El poeta se toma su tiempo (tiene compromisos con La Barraca) y, por fin, decide embarcarse aquel septiembre para Argentina.

Allí su triunfo es imponente. La reposición de *Bodas de sangre* en un teatro mucho más grande es el acontecimiento teatral de la temporada, y los prometidos derechos de autor alcanzan una suma astronómica. Tanto es así que Lorca decide enviar a su padre un talón tremendo como demostración de que un poeta puede «valer» tanto como cualquier otro profesional. Se sabe que el padre se quedó impresionado por el detalle.

No se trata sólo de *Bodas de sangre*. También se representa con éxito *La zapatera prodigiosa* e incluso hay unas representaciones de *Mariana Pineda* (que no gusta). Lorca da conferencias y recitales y pronto se convierte en personalidad famosa de la actualidad literaria argentina. Con frecuencia su fotografía y entrevistas suyas se publican en los diarios porteños. En las cartas a su familia expresa su euforia por todo ello. Por fin se está demostrando que su teatro es viable económicamente. El poeta compara su éxito al de un torero sacado a hombros por la puerta grande de la plaza.

Lorca se queda en Argentina (y Uruguay) seis meses. Tiene una vida social imparable y hace muchos amigos, entre ellos el poeta y diplomático chileno Pablo Neruda, que pronto viajará a Madrid. Trata de terminar *Yerma*, cuyo estreno anuncia Lola Membrives, pero no logra hacerlo, lo cual disgusta profundamente a la actriz. Parece ser que Lorca ya estaba decidido a entregar la obra a Margarita Xirgu.

23. 1934

Cuando Lorca vuelve a España en abril de 1934 se encuentra con una situación política muy cambiada. En noviembre las derechas han ganado las elecciones y se están empeñando en deshacer la legislación progresista conseguida durante los dos primeros años de la República. Crece el fascismo, la izquierda se va dividiendo entre moderados y revolucionarios y hay cada día más violencia callejera. Lorca, en absoluto ajeno a la realidad social y política de su país —como demuestra repetidamente en las entrevistas concedidas en Buenos Aires—, está seriamente preocupado. Entretanto reanuda su trabajo con La Barraca, que recibe cada vez más críticas desde la derecha, a la que acusa de ser una organización subversiva, y trabaja en una nueva colección de poemas, de inspiración granadina, *Diván del Tamarit*.

En agosto muere después de una cogida de toro en Manzanares un gran amigo de Lorca, el torero Ignacio Sánchez Mejías, autor de varias obras de teatro y que, a sus cuarenta y tres años, acaba de volver a los ruedos. Federico, siempre obsesionado con la muerte, está profundamente afectado. Había intuido que la vuelta de Ignacio sería fatal, y así ha sido. No tardan en cristalizar los primeros versos del *Llanto por Ignacio Sánchez Mejías*, que Lorca terminará este otoño y que hoy es reconocido como una de las elegías más sublimes de la poesía universal. Las últimas estrofas encajan dentro de una larga tradición poética europea (pensemos en los sonetos de Shakespeare). La muerte ha destrozado a la persona amada, sí, pero el poeta puede inmortalizar su nombre y ponerlo a salvo:

No te conoce nadie. No. Pero yo te canto.
Yo canto para luego tu perfil y tu gracia.
La madurez insigne de tu conocimiento.
Tu apetencia de muerte y el gusto de su boca.
La tristeza que tuvo tu valiente alegría.

Tardará mucho tiempo en nacer, si es que nace,
un andaluz tan claro, tan rico de aventura.
Yo canto su elegancia con palabras que gimen
y recuerdo una brisa triste por los olivos.

En octubre, mientras Lorca trabaja afanosamente por terminar *Yerma*, se produce la revolución de Asturias y el levantamiento catalán, ambos reprimidos brutalmente. El sueño de una República democrática y tranquila ya se va desvaneciendo. Los españoles están cada vez más divididos. ¿Qué va a ocurrir? Se habla ya de guerra civil.

En diciembre de 1934 Margarita Xirgu estrena *Yerma* en Madrid. La obra obtiene un éxito rotundo de público pero irrita profundamente a la ultraderecha, y un grupo de jóvenes adeptos de ésta tratan de reventarla. La prensa conservadora arremete furiosamente contra *Yerma*, tildándola de inmoral y blasfema. Se aplican adjetivos como «soez», «grosero» y «bajo» al lenguaje utilizado; se rechaza la «sensualidad» de ciertas escenas; y se declara que Lorca «ha enfangado su pluma». Todo ello puede parecer pueril hoy. Pero entonces airear en el escenario un problema como el de *Yerma*, sacar a un personaje que dice que no cree en Dios (la Vieja), era inusitado, atrevido. A partir de este momento las derechas ven en Lorca un enemigo de la España tradicional, católica. Además, en estos meses varias revistas de carácter fascistoide aluden con sorna a la homosexualidad del poeta.

Ajena a las críticas derechistas, *Yerma* sigue en cartel varios meses y supera con creces las cien representaciones. Por las mismas fechas se reestrenan *Bodas de sangre* y *La zapatera prodigiosa*. Lorca es ya un autor consagrado.

24. «DOÑA ROSITA LA SOLTERA»

A principios de mayo el poeta da por terminada una nueva obra de teatro, *Doña Rosita la soltera o el lenguaje de las flores*. Aunque el argumento de la obra se desarrolla entre 1870 y 1910, no cabe duda de que el tema tiene no poco que decir a la España contemporánea. Lorca definirá la obra, en vísperas del estreno en diciembre de 1935, como «el drama de la cursilería española, de la mojigatería española, del ansia de gozar que las mujeres han de reprimir por fuerza en lo más hondo de su entraña enfebrecida», añadiendo: «¿Hasta cuándo seguirán así todas las doñas Rositas de España?».

Doña Rosita la soltera se desarrolla en Granada, concretamente en un carmen del Albaicín. Se trata de la obra de teatro más hondamente granadina del poeta, la que mejor expresa su visión de la ciudad amada, de la pena y desesperación de una Granada de alma ausente. *Doña Rosita* está repleta de detalles reales de la Granada conocida de Lorca y sus familiares (especialmente su madre). Pero trasciende con creces, así como el *Romancero gitano*, el marco local y demuestra que Lorca conoce y aprecia la obra de Chejov, cuya pieza *El jardín de los cerezos* es posible que viera primero en Nueva York.

Lorca dijo que, para descansar de *Yerma* y *Bodas de sangre*, tragedias ambas, se propuso escribir, con *Doña Rosita la soltera*, «una comedia sencilla y amable» pero que, al contrario, le salió una obra que le parecía tener «más lágrimas» que sus dos anteriores producciones. Y es cierto. Tratándose de Granada, de la Granada de Lorca, difícilmente podría haber sido de otra manera.

25. BARCELONA OTRA VEZ

En septiembre de 1935 Lorca está en Barcelona para ver el estreno de *Yerma* por Margarita Xirgu. Federico ama Barcelona y se siente en deuda con ella, no pudiendo olvidar la cariñosa acogida que le dispensaran Dalí y sus amigos en 1925 y 1927. Desde entonces han pasado muchas cosas, y tanto él como Salvador son célebres. En cuanto a *Yerma*, el éxito está garantizado, pues Margarita es la actriz preferida de los catalanes y la obra viene precedida de una aureola de fama y polémica. Y el éxito se cosecha, efectivamente. La obra gusta enormemente al público barcelonés, pero, como en Madrid, la prensa derechista lanza furiosos ataques contra ella y su autor.

Unos días después del estreno tiene lugar el reencuentro de Lorca y Dalí. No se han visto desde 1929. Al joven periodista Josep Palau, Lorca declara: «Somos dos espíritus gemelos. Aquí está la prueba: siete años sin vernos y hemos coincidido en todo como si hubiéramos estado hablando diariamente. Genial, genial Salvador Dalí». Dalí declarará años después que su mujer, Gala, se quedó «asombrada» al conocer al poeta y que Lorca le correspondió, fascinado. Sin duda le intrigaba conocer por fin a la mujer capaz de vivir con Dalí, cuya compleja sexualidad él conocía tal vez mejor que nadie. Dalí y Lorca se vieron con frecuencia esos días, y hay indicios de que decidieron volver a colaborar, tal vez en una ópera. Pero la muerte de Lorca unos meses después lo impediría.

La vuelta de Lorca a Barcelona es plenamente triunfal y se queda varios meses en la Ciudad Condal, donde, después de *Yerma*, Margarita Xirgu repone *Bodas de sangre* (con dirección musical del propio poeta) y luego estrena *Doña Rosita la soltera*, obra que suscita una expectación nunca recordada en el teatro barcelonés y que conmueve tanto al público como a los críticos (incluidos, esta vez, los de la prensa conservadora). Nadie duda que se trata de una obra maestra, obra que, en palabras de María Luz Morales, mueve «los labios a risa y el corazón a pena».

La vida social del poeta granadino en Barcelona durante esos meses es arrolladora. Está en todo. Da recitales de poesía, toca el piano, conversa sin parar, participa en actos republicanos y antifascistas y pasa muchas horas del día y de la noche en los cafés de las Ramblas, que llama «la única calle de la Tierra que yo desearía que no se acabara nunca».

En Barcelona se junta con Federico, no sabemos durante cuánto tiempo, Rafael Rodríguez Rapún. Debemos la noticia a un solo testigo, el gran hombre de teatro Cipriano Rivas Cherif, responsable del montaje de *Doña Rosita*. Según éste, Rodríguez Rapún desapareció una noche, en medio de una juerga, con una bella gitana, y no volvió al hotel hasta el día siguiente, dejando al poeta sumido en la desesperación. Rivas encontró a Federico en un café, deshecho. «Estaba como loco—recordó—. Era otro, que nunca hubiera sospechado en él». Según el mismo testigo, Lorca le mostró un paquete de cartas apasionadas recibidas de Rodríguez Rapún (cartas hoy desconocidas). Es una pequeña anécdota que se agradece cuando tenemos tan poca información acerca de la vida afectiva del poeta.

Antes de abandonar Barcelona, se le ofrece a Lorca un magno banquete, con más de cien comensales que representan lo más selecto de la intelectualidad catalana. En sus palabras de agradecimiento Lorca no deja de mencionar a Dalí ni de evocar sus primeras visitas a Cataluña en 1925 y 1927. Nadie puede dudar del amor que siente García Lorca por Cataluña.

26. LORCA Y EL FRENTE POPULAR

Que Lorca no era un poeta «apolítico», como tantas veces se ha dicho, y que se sentía plenamente comprometido socialmente, se demostró de sobra en las semanas que precedieron a las elecciones de febrero de 1936, cuando, con otros muchos escritores democráticos, apoyó de forma pública la coalición electoral de izquierdas, el Frente Popular, participó en mítines y encabezó manifiestos antifascistas.

El Frente Popular, en su propaganda electoral, ofreció al país un programa sencillo pero tajante: vuelta a la política religiosa, educativa y regional del primer bienio de la República; reforma agraria eficaz y rápida; y amnistía para los 30.000 presos políticos de 1934 que aún estaban en la cárcel. No nos puede sorprender que Lorca apoyara tal programa, ni que celebrara la victoria—estrecha victoria—del Frente Popular en los comicios. Durante los seis meses que le quedaban de vida no dejaría de expresar repetidamente su repugnancia por el fascismo, que en España ya crecía de manera alarmante, ni de adherirse a agrupaciones antifascistas como la Asociación de Amigos de América Latina o el Comité de los Amigos de Portugal. García Lorca era ya un personaje conocidísimo en España, y su fama crecía en el extranjero, donde empezaba a ser traducida su obra, tanto teatral como poética. Por todo ello la ultraderecha tomó buena nota de sus declaraciones y actuaciones, sobre todo en Granada, donde, entre «la peor burguesía de España», como la calificó el poeta en una entrevista, no le faltaban enemigos poderosos... o que serían poderosos una vez empezada la guerra civil.

Que García Lorca no duda del peligro del fascismo se deduce no sólo de lo que dice a la prensa de esos meses sino de su obra en marcha, sobre todo del pequeño «drama social» que la crítica ha dado en llamar *Comedia sin título* y del cual no conocemos más que el primer acto. En esta obra, que hay que relacionar con *El público* de cinco años antes, tanto por su tema cuanto por su factura vanguardista, un fascista mata a un obrero y exclama: «¡Buena caza! Dios me lo pagará. Bendito sea en su sacratísima venganza». Teniendo en cuenta lo que pasará dentro de pocos meses, son palabras que estremecen.

Por esos días la gran preocupación de Lorca sigue siendo el teatro, como medio de sacudir al público y de enfrentarlo con sus prejuicios. Lorca considera que el éxito económico de *Bodas de sangre, Yerma* y ahora *Doña Rosita la soltera* hará posible estrenar pronto el que llama repetidamente su «verdadero teatro»: *El público, Así que pasen cinco años* y su obra experimental reciente. Efectivamente, ya se está ensayando *Así que pasen cinco años,* que el poeta espera dar a conocer en Madrid después del estreno en la capital de *Doña Rosita la soltera.*

Pero Lorca no está preocupado sólo por el teatro. Es notable en estos meses su presencia editorial. A primeros de año publica dos libros de versos: los *Seis poemas galegos* —compuestos con la ayuda de varios amigos gallegos—, y las *Primeras canciones,* pequeño anticipo del libro *Suites,* aún sin editar. Afirma que pronto dará a la imprenta *Poeta en Nueva York* y otros libros de poesía, entre ellos *Diván del Tamarit* y una colección de sonetos (que contendría, cabe pensarlo, algunos de sus sonetos amorosos, sólo publicados décadas después de su muerte con el título de *Sonetos del amor oscuro*). En cuanto al teatro, los editores le piden insistentemente sus obras (sólo se han publicado *Mariana Pineda* y *Bodas de sangre*). Incluso, poco antes de estallar la guerra, habrá un proyecto de editar sus obras completas.

Entretanto ha llegado Margarita Xirgu a Cuba, donde estrena con enorme éxito las obras de Lorca. Los cubanos no han olvidado la visita del poeta y se asombran ante la revelación del dramaturgo. De Cuba pasa Margarita Xirgu a México, donde *Yerma, Bodas de sangre, Doña Rosita la soltera* y *La zapatera prodigiosa* obtienen un éxito asombroso. Margarita no deja de instar a Lorca a que se reúna con ella, y Federico promete hacerlo pronto, anunciando incluso que en México dará una conferencia sobre Quevedo. Pero, requerido por todos en España, y tal vez por no querer separarse de Rafael Rodríguez Rapún, aplaza el viaje. Como ya dijimos, Lorca tenía como lema «tarde pero a tiempo». Esta vez le falla y nunca conocerá México. De todas maneras, durante estos meses Lorca es muy consciente de que su obra va conquistando de forma arrolladora un nuevo e inmenso público en aquel país, cuya prensa anuncia su inmediata llegada.

España, en estos momentos, es un volcán que puede estallar de improviso. Los atentados callejeros se suceden mientras los conspiradores preparan en la sombra su golpe contra la República; la derecha se hace más dura y el fascismo gana cada día nuevos adeptos; se producen tensiones constantes entre los comunistas y los socialistas y, aunque hoy cueste trabajo entenderlo, éstos se han negado a participar en el Gobierno y están escindidos entre los moderados de Indalecio Prieto y los revolucionarios de Francisco Largo Caballero; los anarquistas, por su parte, no quieren tener nada que ver con el Estado. Inaugurada con tantas esperanzas cinco años antes, la República se desmorona. Muchos de los amigos de Lorca están ya en el Partido Comunista—Rafael Alberti, por ejemplo—y presionan al poeta para que ingrese en éste. Pero Federico se niega. Socialista sin partido, y por supuesto moderado, quiere luchar en su obra, no en filas políticas, de los valores humanos en los que cree. No necesita para nada ser miembro del PSOE o del PCE para contribuir a su manera a la renovación de España.

27. «LOS SUEÑOS DE MI PRIMA AURELIA»
Y «LA CASA DE BERNARDA ALBA»

En los últimos meses de su vida Lorca trabaja en una nueva comedia, de corte ya más tradicional, *Los sueños de mi prima*

Aurelia, y termina la que será tal vez su obra más conocida en el extranjero, *La casa de Bernarda Alba.*

La primera está inspirada en la fantasiosa personalidad de una de las primas favoritas de Federico en Fuente Vaqueros, Aurelia González García. Sólo se conoce el primer acto de la obra, que, según parece, Lorca no tuvo tiempo de acabar. Llama la atención que el argumento de la comedia se desarrolle en 1910: año que connota para el poeta, como ya sabemos, la pérdida de su infancia, y en que sitúa el fracaso de la vida sentimental de *Doña Rosita la soltera.* El Niño que aparece en el primer acto—para que no quepan dudas al respecto—se llama Federico García Lorca, y el amor que siente por su prima refleja el que realmente sentía el poeta por ella. En cuanto a Aurelia, es un eslabón más en la larga cadena de mujeres lorquianas insatisfechas. Siente un ansia de amor que difícilmente va a saciar su poco fogoso pretendiente, obsesionado como está con el dinero y con la adquisición de nuevos cortijos. Tanto ella como las otras mujeres del reparto satisfacen sus anhelos frustrados con la lectura de novelas francesas, identificándose hasta tal punto con las heroínas de éstas que casi creen en su realidad objetiva. Muerto Lorca, alguien recordaría el gozo con que hablaba de esta obra: «Reíamos todos contagiados por el burlesco espíritu del poeta, y adivinábamos ya la gracia zumbona e irónica de la escena al adquirir plasticidad sobre un tablado».

En cuanto a *La casa de Bernarda Alba,* Lorca la termina a mediados de junio y la lee, entusiasmado, a numerosos amigos, explicando que en ella ha tratado de escribir una tragedia lo más sobria, lo más escueta posible, quitando todo lo superfluo y reduciendo al mínimo los elementos «poéticos».

La casa de Bernarda Alba está inspirada en observaciones del poeta en Asquerosa (hoy Valderrubio), pueblo de la

Vega de Granada donde, como sabemos, Federico pasó dos o tres años de su infancia y luego numerosas vacaciones estivales.

La casa del título de la obra y sus ocupantes femeninas existían realmente, aunque Lorca ha inventado muchos detalles y exagerado la personalidad tiránica de la protagonista.

Al titular la obra *La casa de Bernarda Alba* y no, sencillamente, *Bernarda Alba*, Lorca pone el énfasis en el ambiente en que se mueve la tirana. Y al subtitularla *Drama de mujeres en los pueblos de España*, e indicar en el manuscrito que «tiene la intención de un documental fotográfico», queda claro que el poeta quiere comunicarnos que la obra refleja de alguna manera la situación contemporánea del país. Es decir, que *La casa de Bernarda Alba*, que más parece convento o cárcel que casa, bien puede representar la España inquisitorial y represora que odia la República y que en estos momentos planea su destrucción.

En ninguna obra de Lorca se alude tan amargamente como en ésta a la esclavitud en que se mantenía en la España de los años treinta a las criadas, a cambio de un infame salario de hambre. «Las pobres son como los animales. Parece como si estuvieran hechas con otras sustancias», sentencia la rica Bernarda, remitiéndonos con ello a unas declaraciones de Lorca hechas en 1934: «Yo siempre seré partidario de los que no tienen nada y hasta la nada se les niega».

En esta última obra de Lorca habría que resaltar la fuerza de Adela, la hija menor, el personaje femenino más revolucionario de todo el teatro de Lorca. Frente al código de honor, basado en el doblegamiento del individuo ante el criterio de los demás y en la supremacía del hombre, Adela reivindica el derecho a su propia vida y a su propio cuerpo: tema fundamental de toda la obra lorquiana. Y muere, como morirá Lorca dos meses después de poner punto final a su tragedia, por haber intentado ser libre.

Cuando Margarita Xirgu estrenó la obra en Buenos Aires en 1945, ¡y con qué emoción!, declaró que le había pedido a Lorca que, tras *Doña Rosita la soltera*, le diera la oportunidad de encarnar «un ser duro, opuesto a la ternura de la solterona». Es posible, pues, que al ir perfilando el carácter de Bernarda Alba, Federico tuviera muy presentes los recursos de su actriz preferida, a quien, sin lugar a dudas, la obra iba destinada. Margarita Xirgu, siempre tan identificada con la República y tan radicalmente opuesta al fascismo, se sintió conmovida hasta la médula al conocer *La casa de Bernarda Alba*. En ella, cabe pensar, vería prefigurada la guerra civil española y la trágica muerte del poeta.

28. ÚLTIMAS SEMANAS EN MADRID

Terminada *La casa de Bernarda Alba*, parece ser que Federico decidió que ya era hora de reunirse con Margarita Xirgu en México, y que incluso sacó el billete. No obstante, inmerso en el hervidero de la vida madrileña de esos momentos y quizás otra vez por no querer separarse de Rafael Rodríguez Rapún, demora el salto a América.

Son días de tremenda tensión en la capital. Circulan rumores de un inminente golpe militar y Federico dice a varios amigos que se va a ir a Granada. Le aconsejan que no lo haga, que en caso de producirse una revuelta estará mejor en Madrid. Pero se obstina. Además ha dado su palabra de estar allí con su familia para celebrar el día de san Federico, no sólo su santo sino también el de su padre.

El domingo 12 de julio unos pistoleros matan al teniente José Castillo, hombre de izquierdas que ha actuado con firmeza contra los fascistas. En la madrugada siguiente unos amigos de Castillo asesinan, en represalia, al diputado José Calvo Sotelo, jefe de los monárquicos y cabeza visible (José Antonio Primo de Rivera está en la cárcel) de quienes quieren imponer en España un estado de corte fascista. Es el mártir que necesitan los rebeldes militares, y el crimen será utilizado posteriormente para justificar el alzamiento contra el Gobierno del Frente Popular. El asesinato produce en Lorca una profunda inquietud y decide abandonar la ciudad sin demora.

Aquella noche del 13 de julio de 1936 esperaban al poeta en casa del diplomático chileno Carlos Morla Lynch. No apareció. Allí estaba el poeta Luis Cernuda, quien recordaría en 1938, desde el exilio en Londres, que alguien entró finalmente y anunció que ya no valía la pena esperar más: acababa de dejar a Federico en el tren de Granada.

A la mañana siguiente, 14 de julio, el poeta se encuentra de vuelta con los suyos en la Huerta de San Vicente.

29. LA MUERTE

Durante los próximos cuatro días muchas personas ven a Federico por las calles de Granada. Lee a unos amigos *La casa de Bernarda Alba* y, sin duda, comenta con ellos y con su cuñado Manuel Fernández Montesinos—desde hace algunos días alcalde socialista de Granada—la situación política y los rumores que circulan acerca de un golpe militar inminente. Éste se produce el 17, en Marruecos, y se extiende a la península al día siguiente. En Granada, sin embargo, el levantamiento fascista no ocurre hasta el 20 de julio.

Granada cae inmediatamente en manos de las fuerzas «nacionales» y se impone en la ciudad, que se halla rodeada de territorio republicano, un feroz régimen de terror. Empiezan en seguida los fusilamientos y los paseos. Nadie está seguro. Cuando llega agosto ya han caído centenares de personas de izquierdas. Lorca, odiado por muchos granadinos, está en evidente peligro. Un día se presenta en la Huerta un grupo de revoltosos y lo amenaza. El poeta se pone en contacto con Luis Rosales, amigo suyo y poeta, cuyos hermanos son falangistas. En consejo de familia se decide que Rosales lleve a Federico a su casa, es decir, a la casa de su padre, hombre conservador muy respetado en Granada. Allí, piensan todos, estará seguro.

Pero los enemigos del poeta no se arredran ante el hecho de estar éste cobijado bajo el techo de una familia falangista. Todo lo contrario. Denuncian a los Rosales por proteger a un «rojo» y, el 16 de agosto, se presenta para detener a Lorca un ex diputado de la CEDA (el partido de Gil Robles), Ramón Ruiz Alonso, personaje vehemente despreciado por la izquierda granadina.

Llevan a Lorca al Gobierno Civil, donde pasa por lo menos dos días. Los Rosales tratan de salvarlo, pero sin éxito. Nunca se ha podido saber quién o quiénes pusieron en marcha la denuncia, pero todo indica que Ruiz Alonso tenía el apoyo de altas instancias. Lo que sí parece casi seguro es que el gobernador civil, comandante Valdés, consultó con el general Queipo de Llano, jefe supremo de las fuerzas nacionales en Andalucía, antes de dar la orden de matar al poeta. Fusilado Lorca, todos se encargarían de que nunca se supieran los pormenores del caso. Granada llevará este baldón siempre.

En la madrugada del 18 o del 19 de agosto—ni la fecha se ha podido establecer con seguridad—condujeron a Lorca al pueblo de Víznar, situado a unos nueve kilómetros al noreste de la ciudad. Se trataba de uno de los lugares donde los rebeldes asesinaban a sus víctimas. Lorca pasó unas horas en una improvisada cárcel antes de ser sacado con otros desafortunados—entre ellos un maestro de escuela y dos banderilleros—y asesinado cerca de la Fuente Grande, manantial cuya belleza había sido cantada, siglos antes, por los poetas musulmanes granadinos. No se sabe nada de sus últimos momentos.

Aquel crimen se volvió pronto contra los que lo habían llevado a cabo, pues a los pocos meses Lorca era ya el mayor símbolo, a escala internacional, de lo que era capaz el nuevo régimen español, un régimen que duraría en el poder casi cuarenta años y haría todo lo posible por ocultar cómo había sido sacrificado el genio granadino, hoy gloria de la literatura mundial.

CRONOLOGÍA

García Lorca	*Sucesos de la época*

1898   5 de junio: Nace Federico García Lorca en el pueblo de Fuente Vaqueros, situado en el corazón de la Vega de Granada a 18 kilómetros de la ciudad. Su padre, Federico García Rodríguez, natural de Fuente Vaqueros, es rico labrador; su madre, Vicenta Lorca Romero, de Granada, es maestra de primera enseñanza. Se trata del segundo matrimonio del padre.

1898-1908   Vive en Fuente Vaqueros y luego otro pueblo cercano, Asquerosa, hoy Valderrubio. Debido a problemas motores tarda en andar. En 1902 nace su hermano, Francisco—que, a diferencia del futuro poeta, será brillante alumno—, y, en 1904, su hermana Concha.

1898   «El Desastre»: España pierde Cuba y Puerto Rico—sus últimas posesiones en América— y Filipinas. Muerte del poeta francés Stéphane Mallarmé. Estreno de *La Bohème*, de Puccini.

1899   Freud publica *La interpretación de los sueños*. Antonio y Manuel Machado visitan París.

1900   Oscar Wilde muere en París, donde este año se celebra la Exposición Universal, marcada por el desarrollo de la electricidad.

1901   Rubén Darío, que ha estado recientemente en España, publica *Prosas profanas*. Mueren la Reina Victoria de Inglaterra y, en España, el novelista Leopoldo Alas, «Clarín». Marconi envía el primer mensaje trasatlántico por radio.

1908   Otoño: Ingresa en el Instituto de Almería. Después de una enfermedad vuelve a Valderrubio.

1909   La familia se traslada a Granada, donde, este otoño, ingresa en el Instituto.

1909-1915   Estudios de bachillerato. En esta época se dedica sobre todo al piano, y sueña con tener una carrera musical.

1914-1915   Durante el último año del bachillerato sigue un curso preparatorio en la Universidad de Granada.

1915   Inicia las dos carreras de Derecho y Filosofía y Letras. Dos profesores, sobre todo, le apoyarán en sus aspiraciones artísticas: Martín Domínguez Berrueta, catedrático de Teoría de las Artes y de la Literatura, y Fernando de los Ríos, catedrático de Derecho Internacional y futuro ministro de la Segunda República.

1916   Abril: Escribe *Mi pueblo*, recuerdos de su infancia en Fuente Vaqueros. En mayo muere su profesor de piano, Antonio Segura Mesa, y acaban sus pretensiones de ser pianista profesional. Junio: Primer viaje de estudios con Martín Domínguez Berrueta, por Andalucía. Berrueta influye poderosamente en el

1902   James Joyce abandona Irlanda y se instala en París.

1910   Se funda en Madrid la que luego será famosa Residencia de Estudiantes. Muerte del Rey Eduardo VII de Inglaterra.

1912   Asesinato de Canalejas, presidente del Gobierno, en Madrid. Antonio Machado publica *Campos de Castilla*.

1914-1918   España mantiene la neutralidad durante la Primera Guerra Mundial.

1915   Estreno de *El amor brujo*, de Manuel de Falla, en Madrid.

viraje del músico hacia la literatura. En esta época Lorca es apasionado lector de Rubén Darío.
También admira a Antonio Machado y a Juan Ramón Jiménez.
Escribe varias obras breves para
piano. Octubre-noviembre: Segundo viaje de estudios con Berrueta, por tierras de Castilla la
Vieja, León y Galicia.

1917   Febrero: Publica «Fan-
tasía simbólica» en el número especial del *Boletín del Centro Artístico de Granada* dedicado a Zorrilla.
19 de junio: Fecha «Canción. Ensueño y confusión», según Francisco García Lorca su primer poema. Julio-agosto: Tercer viaje de
estudios con Domínguez Berrueta, centrado en Burgos, donde
Lorca publica varios artículos en
la prensa local. Otoño-invierno:
Escribe numerosos poemas y «mís-
ticas». En ellos expresa su angustia sexual y su rebelión contra el
catolicismo ortodoxo.

Por esta época ya frecuenta
asiduamente la improvisada tertulia granadina conocida como
«El Rinconcillo», cuyo «gurú» es
Francisco Soriano Lapresa. Se
trata de un grupo de jóvenes granadinos apasionados del arte y
deseosos de renovar la vida cultural de su ciudad, en el marco de
un contexto europeo. Los con-
tertulios son los primeros en conocer las primeras tentativas literarias de Lorca.

1918   Intensa producción poética durante todo el año. En abril

1918   Fernando de los Ríos
ingresa en el PSOE y es elegido

85

publica su primer libro, *Impresiones y paisajes*, fruto de sus excursiones con Domínguez Berrueta. Anuncia otros libros. Rechaza sus pretensiones amorosas una bella granadina, María Luisa Egea. Empieza su amistad con Emilia Llanos, unos quince años mayor que él.

1919 Escribe varias piezas de teatro cortas. En mayo visita la Residencia de Estudiantes de Madrid, donde es aceptado para el curso siguiente y da una lectura de poemas. Lleva una carta de presentación de Fernando de los Ríos a Juan Ramón Jiménez, que le acoge benévolo y luego publicará varios poemas suyos en revistas. En junio conoce en Granada a Gregorio Martínez Sierra, y, en septiembre, a Manuel de Falla, que en 1920 se establecerá en la ciudad y será buen amigo suyo.

1919-1920 Primera temporada en la Residencia de Estudiantes, que durante ocho años será esporádicamente su domicilio en la capital. En la Residencia conoce a dos aragoneses, Luis Buñuel y José («Pepín») Bello, que serán íntimos amigos suyos. Otros amigos de esta primera etapa madrileña son su futuro estudioso, Ángel del Río, el musicólogo Adolfo Salazar, el poeta y crítico vanguardista Guillermo de Torre y el poeta Gerardo Diego.

1920 Marzo: Gregorio Martínez Sierra le estrena *El maleficio de la mariposa* en Madrid. Fracasa.

diputado por Granada al año siguiente.

1920 Muerte de Benito Pérez Galdós. Estreno de la película *El gabinete del doctor Caligari*, de

Presiones de sus padres para que termine su «naufragada carrera de Letras». «Siento en el alma la amargura de estar solo de amor», escribe en noviembre a Emilia Llanos. Hacia finales del año escribe sus primeras «suites».

1921 Julio: Publicación en Madrid de *Libro de poemas*, financiado por su padre. Importante reseña de Adolfo Salazar en *El Sol*, uno de los diarios más leídos del país. Salazar señala que el libro representa una etapa anterior en la producción del poeta. Durante el resto del año Lorca sigue componiendo «suites», que espera publicar pronto en libro. Nunca lo conseguirá.

Noviembre: Escribe las principales composiciones del que será *Poema del cante jondo*. Planea fundar con Falla un teatro de títeres: otro proyecto que no cuajará.

1922 Pronuncia en Granada su primera conferencia, *El cante jondo. Primitivo canto andaluz*, inspirada en las investigaciones de Manuel de Falla. Junio: Concurso de Cante Jondo en el patio de los Aljibes de la Alhambra. Verano: Lee a sus amigos una obra de títeres, probablemente primera redacción del *Retablillo de don Cristóbal o Títeres de cachiporra*.

1923 5 de enero: Lorca y Manuel de Falla ofrecen a los niños en el Día de Reyes un espectáculo de música y títeres. Febrero: Logra terminar la carrera de Derecho (nunca concluirá la de

Robert Wiene. Exposición Dadá en Berlín.

1921 23 de julio: El desastre de Annual. Mueren 14.000 soldados españoles.

1922 Se empiezan a publicar en Madrid las *Obras completas* de Freud. Publicación en París de *Ulises*, de James Joyce. Estreno en París de la película *Nosferatu el vampiro*, de W. Murnau. Benavente recibe el Premio Nobel de Literatura. Plenos poderes para Mussolini.

1923 Muerte del pintor Joaquín Sorolla. Aparece la *Revista de Occidente*. 13 de septiembre: Golpe de estado del general Primo de Rivera. Se inicia una «dictablanda» de siete años.

Filosofía y Letras). En la Residencia de Estudiantes conoce a Salvador Dalí, que desde septiembre de 1922 es alumno de la Escuela Especial de Pintura, Escultura y Grabado de San Fernando. Verano: Como cada año, pasa el verano con su familia entre la Vega de Granada y Málaga.

1924 Julio: Juan Ramón Jiménez y su mujer Zenobia Camprubí visitan a Lorca en Granada. Verano: Compone varios romances «gitanos». Otoño: Conoce a Rafael Alberti.

En el curso del año: Cuando está en Madrid asiste a veces a Pombo, la tertulia literaria de Ramón Gómez de la Serna. Trabaja en *Mariana Pineda*, *La zapatera prodigiosa* y, con Falla, en una opereta, *La Comedianta*, nunca terminada.

1925 Enero: Termina una nueva versión de *Mariana Pineda*. Poco después empieza su correspondencia con Jorge Guillén. Entretanto, Luis Buñuel se ha desplazado a París, donde pronto iniciará su carrera cinematográfica y desde donde mantiene una correspondencia esporádica con Lorca.

Abril: Estancia con Dalí en Cadaqués y Figueres durante Semana Santa. Visitan Girona, Empúries y el cabo de Creus. Los dos amigos se pierden una conferencia de Louis Aragon sobre el surrealismo, pronunciada en la Residencia de Estudiantes el 18 de

1924 Muerte de Lenin y Kafka. Publicación del Manifiesto Surrealista, de André Breton. Miguel de Unamuno condenado por injurias al rey Alfonso XIII.

1925 Julio: Hitler publica *Mein Kampf*. Septiembre: Desembarco español en Alhucemas. Exposición surrealista en París. Muerte de Pablo Iglesias.

abril. Lorca se enamora de Barcelona. Esa misma primavera Guillermo de Torre, amigo de Dalí y Lorca, publica en Madrid su importante libro *Literaturas europeas de vanguardia*. Verano: Vega de Granada y Málaga. Trabaja en su oda a Salvador Dalí. Confiesa a su amigo el pintor Benjamín Palencia que está pasando por una grave crisis sentimental.

1926 Febrero: Pronuncia en Granada su conferencia «La imagen poética en don Luis de Góngora». En estos momentos su hermano está en Francia, lo cual refuerza su deseo de escaparse de España durante una temporada, bien a Francia bien a Italia. Sigue trabajando en el *Romancero gitano*. Abril: La prestigiosa *Revista de Occidente* publica la «Oda a Salvador Dalí». 11-28 de abril: Dalí visita París, donde conoce a Picasso, y Bruselas. En estos momentos Lorca y él planean un *Libro de los putrefactos*. 14 de junio: Dalí se hace expulsar definitivamente de la Escuela Especial de Pintura, Escultura y Grabado. Vuelve a Figueres, decidido a emprender la conquista de París. Verano: Jean Cassou elogia la «Oda a Salvador Dalí» en *Le Mercure de France* («la manifestación más brillante de un estado de ánimo absolutamente nuevo en España»). Otoño: Lorca trabaja en *Amor de don Perlimplín con Belisa en su jardín*. Sus padres le siguen presio-

1926 Verano: Dámaso Alonso publica en Madrid su traducción de James Joyce, *Retrato del artista adolescente*.

nando para que tenga carrera, y considera la posibilidad de ser profesor de literatura. Sigue componiendo romances «gitanos» y confía en que la actriz Margarita Xirgu le estrene pronto *Mariana Pineda*. 17 de octubre: Conferencia en Granada sobre el poeta Soto de Rojas. En ella desarrolla su teoría de la estética granadina de lo diminutivo.

1927 Enero: En momentos en que van aflorando muchas revistas literarias de vanguardia en España, Lorca y sus amigos siguen proyectando una para Granada. Su título definitivo será *gallo* y saldrá finalmente en 1928. Finales de marzo: Lee *Mariana Pineda* a Margarita Xirgu, quien le promete estrenarla en Barcelona aquel verano. Mayo-principios de agosto: Lorca pasa tres meses en Cataluña, entre Barcelona, Figueres y Cadaqués, y hace nuevas amistades, entre ellas el crítico de arte Sebastià Gasch. La estancia marca el cenit de su relación con Dalí, que diseña los decorados de *Mariana Pineda* en momentos en que se va acercando cada vez más al surrealismo. Mayo: Emilio Prados le edita *Canciones* en Málaga. El libro es muy elogiado por la crítica. 24 de junio: Estreno, por fin, de *Mariana Pineda*, en Barcelona. Éxito relativo. Margarita Xirgu promete iniciar su temporada madrileña con ella. Por los mismos días Lorca exhibe una colección de dibu-

1927 Enero: Estreno de la película *Metrópolis*, de Fritz Lang. 1 de febrero: Primer número de *La Gaceta Literaria*, revista que desempeñará un papel vital en el desarrollo de la cultura española contemporánea. Abril: Estreno, en París, de la película *Napoleón*, de Abel Gance. Mayo: Muere Juan Gris y Lindberg cruza al Atlántico en vuelo solitario. Octubre: Estreno en Nueva York de *El cantor de jazz*, primera película sonora de la historia del cine.

jos suyos en las prestigiosas Galeries Dalmau, de Barcelona. 12 de octubre: Margarita Xirgu estrena *Mariana Pineda* en Madrid. Los críticos reconocen el talento dramático del autor y señalan que se trata de una obra superada por su producción actual. Noviembre: la *Revista de Occidente* publica *Santa Lucía y San Lázaro*, que tiene una clara influencia surrealista y daliniana. Diciembre: viaje a Sevilla con otros poetas de la que será llamada Generación del 27 para participar en un homenaje a Góngora.

1928　En este año se hace más intensa su amistad con el joven escultor Emilio Aladrén. Marzo: Por fin Lorca y sus amigos publican el primer número de su revista *gallo*, que causa cierto revuelo en Granada. Verano: Trabaja en la *Oda al Santísimo Sacramento del Altar*. Otra crisis sentimental. Quiere que Dalí le visite en Granada pero el pintor no acude. Septiembre: Publicación de *Mariana Pineda*. Lorca recibe una larga carta de Dalí en la cual éste rechaza lo que considera costumbrismo trasnochado del *Romancero gitano*. Publica *Nadadora sumergida* y *Suicidio en Alejandría*, ambos de corte surrealista. Octubre: Dos conferencias pronunciadas en Granada—«Inspiración, imaginación, evasión» y «Sketch de la pintura moderna»—dan fe de su aproximación al surrealismo. Diciembre: En la

1928　Muerte de Blasco Ibáñez. Visita a Madrid del escritor futurista Marinetti. 6 de junio: Buñuel y Dalí estrenan en París su película surrealista *Un Chien andalou*.

Residencia de Estudiantes de Madrid pronuncia una conferencia sobre las nanas infantiles.

1929   Febrero: La censura de Primo de Rivera prohíbe el estreno de *Amor de don Perlimplín con Belisa en su jardín*. Marzo: Conoce al diplomático chileno Carlos Morla Lynch, cuyo salón frecuentará asiduamente hasta su muerte. 27 de marzo: Viaje incógnito a Granada, donde participa en la procesión de la Cofradía de la Alhambra vestido de penitente. 13 de junio: Acompañado por Fernando de los Ríos, Lorca sale de España por vez primera, rumbo a Nueva York, adonde, después de pasar brevemente por París e Inglaterra, llega el día 26. Se hospeda en Columbia University. Asombro y desorientación ante el tamaño y deshumanización de Nueva York. Agosto: Escribe sus primeros poemas norteamericanos, «con asunto de negros casi todos ellos». Poco después pasa unas semanas en Vermont con su amigo Philip Cummings, donde escribe «Poema doble del lago Eden». Otoño: Otra vez en Nueva York, se apasiona por el jazz, frecuenta los clubs de Harlem, va al cine, ve teatro de vanguardia. Escribe el guión de cine *Viaje a la luna*, respuesta a *Un Chien andalou* de Dalí y Buñuel. Noviembre: Hundimiento de la bolsa de Nueva York. El poeta es testigo de escenas de pánico y, según él, de suicidios.

1929   Exposiciones internacionales en Barcelona y Sevilla.

1930   Intensa producción poética. Marzo: Lorca abandona Nueva York y viaja a Cuba, donde pasa tres meses, da conferencias y recitales y consigue un éxito rotundo. Después de su estancia de nueve meses en Nueva York, es la felicidad. «Si me pierdo, que me busquen en Andalucía o Cuba», escribe a sus padres. En La Habana trabaja en una obra de teatro revolucionaria, *El público*, tal vez empezada en Nueva York. Hay indicios de que en la isla «se soltó» sexualmente. Julio: Vuelve a España. Parece ser que termina la *Oda a Walt Whitman* poco después de embarcar. 22 de agosto: Termina *El público* en Granada. Octubre: Reaparece en Madrid. Diciembre: Margarita Xirgu estrena *La zapatera prodigiosa* en Madrid. Éxito, aunque se esperaba una obra más vanguardista del poeta recién vuelto de Nueva York.

1931   Marzo: La Voz de su Amo saca el primer disco de una serie de *Canciones populares españolas*, cantadas por La Argentinita, armonizadas por Lorca y acompañadas por éste al piano. 12 de abril: Lorca participa en el júbilo popular al ser ganadas las elecciones municipales por los republicanos. Mayo: Publicación, largamente atrasada, del *Poema del cante jondo*. Julio: Lee *El público* a varios amigos. 19 de agosto: Termina *Así que pasen cinco años*. Noviembre: Nace el proyecto de La

1930   28 de enero: El general Primo de Rivera dimite y se exilia en París, donde morirá tres meses más tarde. 29 de septiembre: Gigantesco mitin republicano en la plaza de toros de Madrid. Hablan Azaña, Alcalá-Zamora, Lerroux, Marcelino Domingo, Martínez Barrio. 12 de diciembre: En Jaca, fracaso de la sublevación republicana de los capitanes Galán y García Hernández, que son fusilados. Tres días más tarde se sofoca otra rebelión en Madrid. Se aproxima el fin del antiguo régimen.

1931   10 de febrero: Manifiesto de la Agrupación al Servicio de la República, fundada por Ortega y Gasset, Gregorio Marañón y Ramón Pérez de Ayala. 12 de Abril: La victoria en las elecciones municipales de los republicanos trae la Segunda República. Mayo: La República funda las Misiones Pedagógicas para llevar cultura al pueblo. 7 de mayo: El arzobispo Segura, primado de España, ataca la república a las dos semanas de su instauración. El 11 se queman iglesias en Madrid.

Barraca, teatro de la Universidad de Madrid, que será dirigido por Lorca a lo largo de cuatro años y dará representaciones por todo el país. El 22, el poeta asiste al estreno madrileño de *L'Âge d'Or* de Buñuel y Dalí.

1932　16 de marzo: lectura comentada de poemas del ciclo neoyorquino en Madrid. Repetirá la lectura en varias ciudades durante este y los siguientes meses, así como su conferencia «Arquitectura del cante jondo». Julio: Primera salida de La Barraca, que actúa por tierras de Soria. Hostilidad de la ultraderecha hacia la iniciativa en general y hacia Lorca en particular. Agosto-septiembre: Segunda gira de La Barraca, por Galicia y Asturias. 17 de septiembre: Lee *Bodas de sangre* en casa de Carlos Morla Lynch. Noviembre: Nueva conferencia, sobre la pintora María Blanchard.

En el curso del año: Empieza la composición de algunos poemas en gallego.

1933　8 de marzo: Estreno de *Bodas de sangre* en Madrid. Éxito triunfal. Por fin Lorca empieza a ganar dinero con su teatro. El éxito se confirmará cuando *Bodas* se estrene en Barcelona en mayo. 5 de abril: Estreno de *Amor de don Perlimplín con Belisa en su jardín.*

Octubre: Se publica el programa de las JONS: antiliberalismo, antimarxismo, antisemitismo, Estado fundado en las «entidades protegidas», ideal de tradición hispánica, aspiraciones sobre Gibraltar y Tánger. Este mismo mes Manuel Azaña es nombrado Presidente del Gobierno. 9 de diciembre: Las Cortes aprueban la Constitución.

1932　Enero: La República destierra a los jesuitas, introduce el divorcio y seculariza los cementerios. 10 de Agosto: Fracasado golpe del general Sanjurjo en Sevilla.

1933　30 de enero: Hitler es elegido canciller de Alemania. 27 de febrero: Incendio del Reichstag. 16 de marzo: Primer número de la revista madrileña *El Fascio.* 29 de octubre: Acto fundacional de Falange Española. 9 de noviembre: Elecciones gene-

1 de mayo: En el adelanto de la revista marxista *Octubre* Lorca encabeza un manifiesto antifascista. 29 de julio: Estreno de *Bodas de sangre* en Buenos Aires por Lola Membrives. La obra tiene tanto éxito que la actriz decide reponerla aquel otoño, contando con la presencia de Lorca. Octubre de 1933-marzo de 1934: Estancia apoteósica en Buenos Aires, donde asiste a representaciones de sus obras, da conferencias, monta una adaptación de *La dama boba*, de Lope de Vega, habla por radio y gana mucho dinero (*Bodas* tiene más de cien representaciones). A través de la prensa bonaerense sigue de cerca, preocupado, la situación política en España. Amistad con Pablo Neruda,

1934 11 de agosto: Corneado en Manzanares, muere dos días después el torero Ignacio Sánchez Mejías. Al poco tiempo Lorca empieza la elegía al amigo muerto que será uno de sus poemas más famosos. 15 de diciembre: En una entrevista, Lorca subraya su solidaridad con los pobres. El 29, estreno de *Yerma* (teatro Español), con Margarita Xirgu como protagonista. Éxito inmenso. La obra quedará en cartel hasta abril, con más de 130 representaciones. La prensa de derechas la ataca por inmoral, anticatólica y antiespañola. A estas alturas, no cabe duda de que, para la derecha, Lorca es un «rojo».

rales en España. Ganan las derechas. Estupor de las fuerzas progresistas.

1934 Febrero: Fusión de las JONS y la Falange. Crece el fascismo en España. En Austria, el canciller Dollfuss reprime duramente una sublevación socialdemócrata. Abril: El Gobierno español amnistía al general Sanjurjo. José Calvo Sotelo vuelve del exilio y funda el Bloque Nacional, de tendencia fascista. 6 de octubre: Revolución de Asturias y proclamación de l'Estat Català. Dura represión por el Gobierno, ayudado por elementos de Falange Española.

1935   Enero: Trabaja en *La destrucción de Sodoma* y *Doña Rita la soltera*. Febrero: Montaje en Nueva York de una traducción de *Bodas de sangre*, titulada *Bitter Oleanders* («Adelfas amargas»). En Madrid, reestreno de *La zapatera prodigiosa*, dirigida por Lorca. En estos días, pues, la cartelera teatral madrileña luce tres obras del poeta. Junio: En la Feria del Libro la quinta edición del *Romancero gitano* resulta un best-séller y se está imprimiendo la sexta. Otoño: Lorca llega a Barcelona con Margarita Xirgu. Temporada triunfal: *Yerma*, *Bodas de sangre* y, el 12 de diciembre, estreno de *Doña Rosita la soltera*. Prepara *Poeta en Nueva York* para la imprenta. Reencuentro entusiasta con Salvador Dalí. En estos momentos, relación íntima con Rafael Rodríguez Rapún. El poeta expresa una y otra vez su apoyo a la democracia y su rechazo del fascismo, firmando en noviembre un manifiesto contra la invasión de Etiopía por Mussolini. Antes de abandonar Barcelona anuncia que se reunirá pronto en México con Margarita Xirgu, que embarca para Cuba un mes después. Finales de año: Publicación en Santiago de Compostela de los *Seis poemas galegos*.

1936   Enero: Publica *Bodas de sangre* y *Primeras canciones*. 15 de febrero: Firma un manifiesto de los intelectuales españoles en apoyo al Frente Popular, que gana las elecciones el día siguien-

1935   8 de mayo: Se nombra ministro de Guerra a José María Gil Robles. Éste elige a Francisco Franco como su Jefe de Estado Mayor. Primeros de octubre y en adelante: La prensa española sigue de cerca la invasión de Etiopía por Mussolini, invasión elogiada por José Antonio Primo de Rivera.

1936   5 de enero: Muerte de Ramón del Valle-Inclán. 7 de enero: Decreto de disolución de las Cortes. 16 de febrero: Elecciones generales. Gana el Frente Popular; fin, pues, del llamado

te. Durante estos meses, las declaraciones del poeta a la prensa se hacen cada vez más comprometidas políticamente. Trabaja en una nueva obra de teatro en la línea de *El público*, conocida hoy como *Comedia sin título*. 1 de mayo: Lorca reafirma su solidaridad con los obreros. Junio-julio: Ensayos de *Así que pasen cinco años*, que no será montada en vida del autor. Se anuncia, para el otoño, el estreno de dos nuevas obras de Lorca: *Los sueños de mi prima Aurelia* y *La casa de Bernarda Alba*. Lorca lee esta última, con enorme entusiasmo, a muchos amigos. 10 de junio: En una entrevista publicada por *El Sol*, de Madrid, Lorca declara que en Granada «se agita actualmente la peor burguesía de España». 30 de junio: La prensa anuncia la participación de Lorca en un homenaje a Gorki, que acaba de morir, pero no asiste. Parece ser que ya le cansan las presiones de sus amigos comunistas. 1 de julio: La prensa anuncia que Margarita Xirgu volverá a Madrid antes de lo previsto y que empezará su temporada con *Doña Rosita la soltera*. 13 de julio: Asustado por el asesinato de José Calvo Sotelo y el crispado ambiente de Madrid, Lorca precipita su salida hacia Granada, donde llega en tren a la mañana siguiente. Se instala con sus padres en la Huerta de San Vicente. 20 de julio: La guarnición granadina se levanta con-

«bienio negro». Dos días después, el Gobierno de Portela Valladares proclama el «estado de alarma», que será renovado cada mes hasta el estallido de la guerra: indicación del desasosiego en que vive el país. 14 de marzo: Detención de José Antonio Primo de Rivera, que ya no saldrá de la cárcel. Dos días después se pone fuera de la ley a Falange Española. 1 de abril: Fusión de las juventudes socialistas y comunistas. La Falange, por su parte, se lanza por estas fechas a la acción directa, que es contestada por pistoleros de izquierdas. Hay asesinatos casi diarios entre abril y julio. 10 de mayo: Manuel Azaña es elegido Presidente de la República. Ofrece la presidencia del Gobierno al socialista Indalecio Prieto, pero el PSOE se opone. Error fatal. En su lugar, Azaña designa al poco diplomático Santiago Casares Quiroga. Julio: Escenas de extraordinaria violencia verbal en las Cortes presagian la guerra civil. El alzamiento antirrepublicano, previsto para el 10, se plaza hasta el 14 y luego unos días más. El 12, asesinato del teniente José Castillo, de la Guardia de Asalto. Unas horas después, en la madrugada del 13, José Calvo Sotelo es asesinado en represalia. Dirige la operación el capitán Condés, de la Guardia Civil. El 17 empieza la sublevación, en Marruecos, y se extiende a la península al día siguiente.

tra el Gobierno y toma la ciudad con facilidad. Se impone en seguida un régimen de terror, con cientos de fusilamientos y asesinatos. 9 de agosto: Lorca, amenazado en la Huerta de San Vicente, pide ayuda a su amigo el poeta Luis Rosales, dos de cuyos hermanos son destacados falangistas. Los Rosales le acogen en su casa. 16 de agosto: Lorca es detenido en casa de los Rosales por Ramón Ruiz Alonso, ex diputado de la CEDA, coalición liderada por Gil Robles, y conducido al Gobierno Civil. 18 o 19 de agosto: El gobernador civil rebelde, comandante José Valdés Guzmán, accede a que se mate al poeta. El asesinato tiene lugar cerca de la Fuente Grande, en el término municipal de Alfacar. Con Lorca mueren un maestro de escuela, Diósoro Galindo González, y dos banderilleros, Joaquín Arcollas y Francisco Galadí.

BIBLIOGRAFÍA SELECTA

La única edición de las *Obras completas* de Lorca existente en el mercado es la de Miguel García-Posada, en cuatro tomos (Barcelona: Galaxia Gutenberg/Círculo de Lectores, 1997). En cuanto a las obras individuales, las ediciones de Alianza Editorial, Madrid (a cargo de Mario Hernández) y las de Ediciones Cátedra son excelentes, con enjundiosas introducciones y notas.

La bibliografía lorquiana es ingente y sigue creciendo. Nos limitamos a mencionar siete libros que se pueden considerar fundamentales.

GARCÍA LORCA, FRANCISCO, *Federico García Lorca y su mundo*, edición y prólogo de Mario Hernández, Madrid: Alianza Editorial, 1992.

GIBSON, IAN, *Vida, pasión y muerte de Federico García Lorca*, Barcelona: Plaza y Janés, 1998.

MARTÍN, EUTIMIO, *Federico García Lorca, heterodoxo y mártir. Análisis y proyección de la obra juvenil inédita*, Madrid: Siglo XXI, 1986.

SÁNCHEZ VIDAL, AGUSTÍN, *Buñuel, Lorca, Dalí: el enigma sin fin*, Barcelona: Planeta, 1988.

SAHUQUILLO, ÁNGEL, *Federico García Lorca y la cultura de la homosexualidad masculina. Lorca, Dalí, Cernuda, Gil-Albert, Prados y la voz silenciada del amor homosexual*, Alicante: Instituto de Cultura Juan Gil-Albert, 1991.

SANTOS TORROELLA, RAFAEL, *La miel es más dulce que la sangre. Las épocas lorquiana y freudiana de Salvador Dalí*, Barcelona: Planeta, 1984.

—, *Los putrefactos de Dalí y Lorca. Historia y antología de un libro que no pudo ser*, Madrid: Publicaciones de la Residencia de Estudiantes, 1995.